Babette Ulmer

Socken

mit

Jaquard Muster

ganz leicht selbst gestrickt

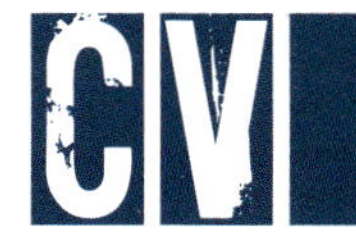

Liebe Sockenfans,

kennen Sie das auch: Schon wieder sind die Lieblingssocken durchgelaufen und Sie brauchen dringend Nachschub? Aber immer nur dasselbe Muster zu stricken ist irgendwie auch langweilig. Deshalb haben wir euch hier eine Menge echter Hingucker gestrickt: Diese Socken im Jacquardmuster machen richtig Spaß und sind mit ein bisschen Strickerfahrung leicht nachzuarbeiten!

Ihr Strickwissen können Sie im Grundkurs Stricken ganz hinten im Buch auffrischen. Vorne im Workshop finden Sie das Wissen zur Jacquardtechnik und allen benötigten Kniffen rund ums Sockenstricken, zum Beispiel wie das mit der Bumerangferse funktioniert. Manche Modelle können auch in anderen Größen gearbeitet werden, deshalb gibt es auf Seite 9 eine Sockentabelle, in der Sie die passenden Angaben für Ihre Größe finden.

Wir wünschen Ihnen viel Vergnügen beim Stricken!

Babette Ulmer

Babette Ulmer

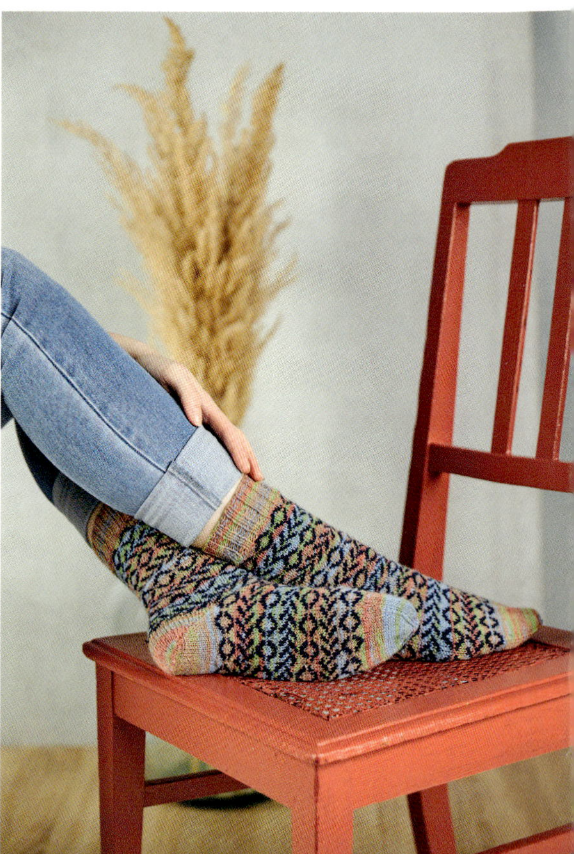

INHALT

Jacquard stricken

In diesem Buch sind alle Socken in der Jacquard- oder Norwegertechnik gestrickt. Diese Strickart wird glatt rechts (Hin- und Rückreihen rechts, in Runden nur rechts), jedoch mit zwei oder mehreren Farben pro Runde gestrickt. Dabei werden die nicht in Arbeit befindlichen Fäden, die sogenannten Spannfäden, auf der Rückseite locker mitgeführt – siehe Abbildung.

Die Spannfäden sollten nicht zu fest gespannt sein, damit sie das Gestrick nicht zusammenziehen, aber auch nicht zu locker, damit das Maschenbild nicht zu locker und daher unregelmäßig wird.

Um die richtige Länge des Spannfadens festzulegen, die Maschen zwischen den Farbwechseln auf der rechten Nadel so weit auseinanderschieben, wie sie nachher erscheinen sollen. Dann die erste Masche der linken Nadel stricken. An einer »Ecke«, also beim Nadelwechsel, dies ebenso arbeiten, jedoch dafür die zwei Nadeln flach legen, d. h. die beiden Spitzen liegen hintereinander.

Die Farbflächen sollten nur in Idealfall maximal 6 – 7 Maschen breit sein, sonst werden die Spannfäden zu lang und sind dadurch unter anderem hinderlich beim Anziehen der Socken.

Wegen der Spannfäden sind Socken mit Jacquardtechnik weniger elastisch als glatt rechts gestrickte Socken. Daher werden nach dem Bund immer Maschen zugenommenen. Diese müssen jedoch vor dem Arbeiten der Ferse und der Spitze wieder abgenommen werden, sonst stimmen die Zahlen nicht mit denen in der Tabelle überein.

Durch die auf der Rückseite mitlaufenden Spannfäden sind die Socken wärmer und dicker als Socken ohne Jacquardmuster.

Beim Stricken mit zwei Fäden entweder mit einem Strickfingerhut oder Fadenhalter arbeiten oder zwei Fäden um den linken Zeigefinger wickeln oder einen Faden um den linken Zeigefinger und den anderen Faden um den linken Mittelfinger. Wenn mit zwei Fäden um den Zeigefinger gearbeitet wird, die Hauptfarbe ganz normal um den Zeigefinger und die Schmuckfarbe entgegengesetzt um denselben Zeigefinger schlingen. Dadurch verdrehen sich die Fäden nicht umeinander.

Wenn Jacquardmuster in Runden gestrickt werden, liegen die beiden Fäden immer hinter der Arbeit, man strickt musterbedingt mit dem einen oder dem anderen Faden.

Jacquardmuster sind zeichnerisch mit verschiedenen Farben in einem Zählmuster dargestellt. Die farbigen Kästchen geben an, in welcher Farbe die jeweilige Masche zu stricken ist. Es ist entweder jede Runde dargestellt oder nur jede zweite Runde. Dies wird im Text beschrieben bzw. ist an den Rundenzahlen rechts neben dem Zählmuster zu erkennen. Die Zählmusterreihen immer von rechts nach links und von unten nach oben ablesen. Den eingezeichneten Mustersatz stets wiederholen.

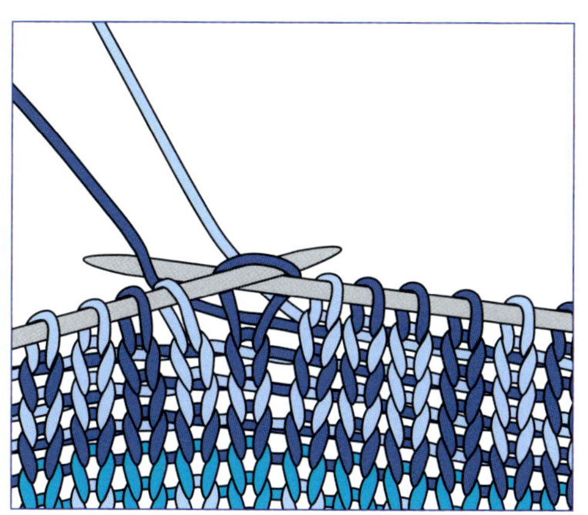

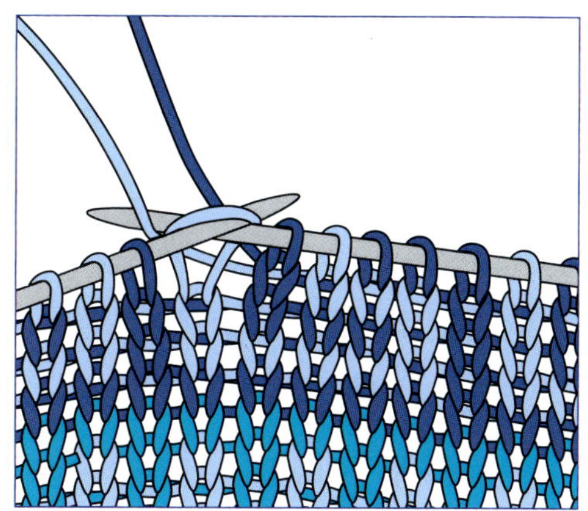

Hinweis

Da Jacquardmuster weniger elastisch sind als nur glatt rechts, müssen nach dem Rollrand Maschen zugenommen werden. Diese »Mehr«-Maschen werden jedoch in der 1. Reihe der Ferse über den Fersenmaschen bzw. in der 1. Runde der Bandspitze wieder abgenommen.

Die Bumerang-Ferse

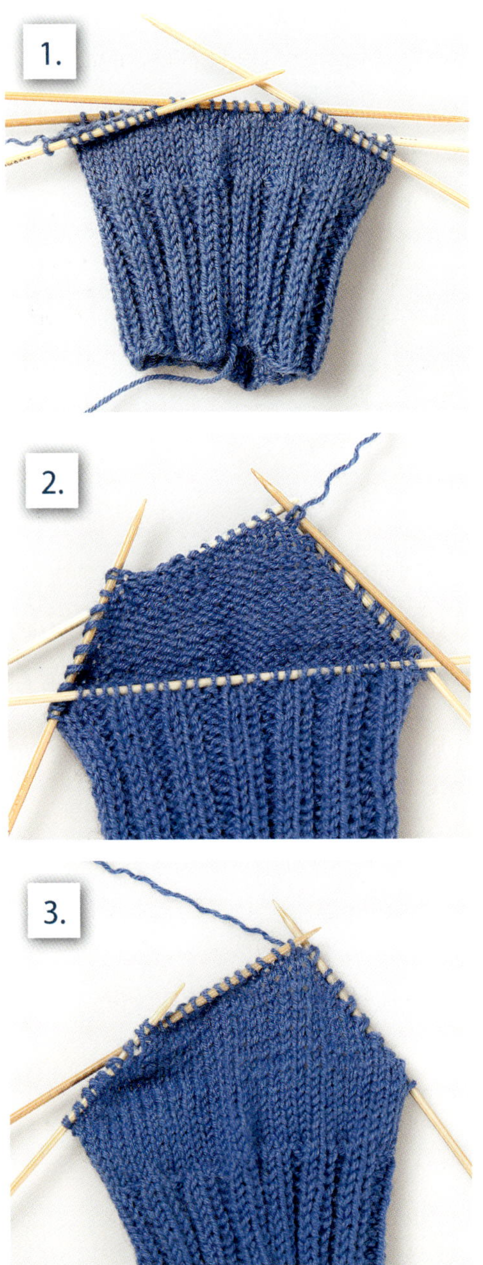

1. Die Bumerang-Ferse wird über die Hälfte der Maschen, das heißt über die Maschen der 1. und 4. Nadel gestrickt. Diese Fersenmaschen in drei Teile teilen.

2. Die erste Fersenhälfte: 1. Reihe (Hinreihe): Alle Maschen der 1. Nadel (d.h. die zweite Hälfte der mittleren und die Maschen der linken Fersennadel) rechts stricken, dann wenden. 2. Reihe (Rückreihe): Zunächst eine doppelte Masche arbeiten, dafür den Faden vor die Arbeit legen, von rechts in die 1. Masche einstechen, Masche und Faden zusammen abheben und den Faden fest nach hinten ziehen (damit später keine Löcher entstehen). Dabei wird die Masche über die Nadel gezogen und liegt doppelt. Den Faden wieder nach vorne nehmen und über die restlichen Maschen der 1., 2. und 3. Fersennadel links stricken, wenden.

3. In der 3. Reihe eine doppelte Masche arbeiten und alle restlichen Maschen der 3 Fersennadeln bis zur doppelten Masche am Reihenende rechts stricken, die doppelte Masche bleibt ungestrickt. Dann wieder wenden. 4. Reihe: Mit einer doppelten Masche beginnen, wieder bis vor die nächste doppelte Masche links stricken und wenden.

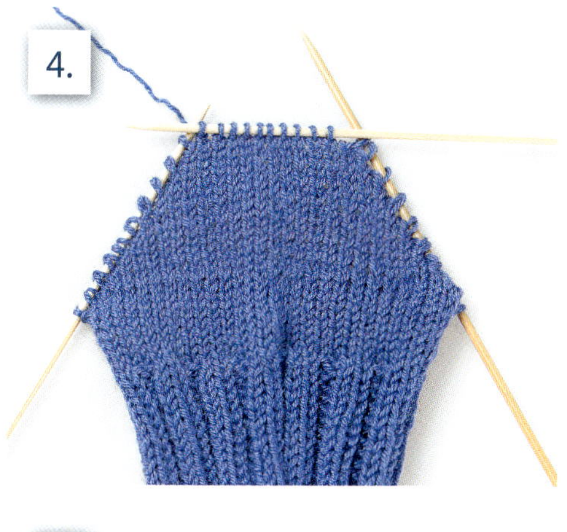

4. Die 3. und 4. Reihe stets wiederholen, bis zwischen den Doppelmaschen nur noch die Maschen des mittleren Drittels minus 2 Maschen übrig sind. Dann über alle Maschen rundum 2 Runden rechte Maschen stricken, dabei in der 1. Runde bei den doppelten Maschen beide Maschenteile zugleich erfassen und als 1 Masche rechts abstricken. Nun folgt die 2. Fersenhälfte.

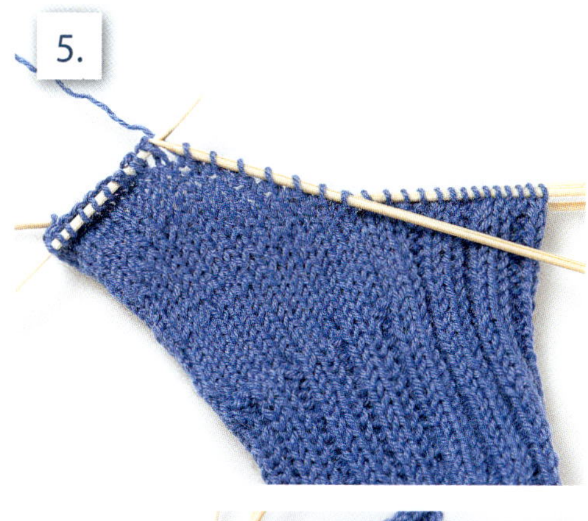

5. Die zweite Fersenhälfte: 1. Reihe (Hinreihe): Die Maschen des 1. und 2. Drittels rechts stricken, wenden. 2. Reihe (Rückreihe): 1 doppelte Masche arbeiten und die restlichen Maschen des mittleren Drittels links stricken, wenden. 3. Reihe: 1 doppelte Masche arbeiten und rechts bis zur folgenden doppelten Masche stricken, diese wie beschrieben rechts abstricken und die folgende Masche rechts stricken, wenden. 4. Reihe: 1 doppelte Masche arbeiten, links bis zur nächsten doppelten Masche stricken, diese wie beschrieben links stricken und die folgende Masche links stricken, wenden.

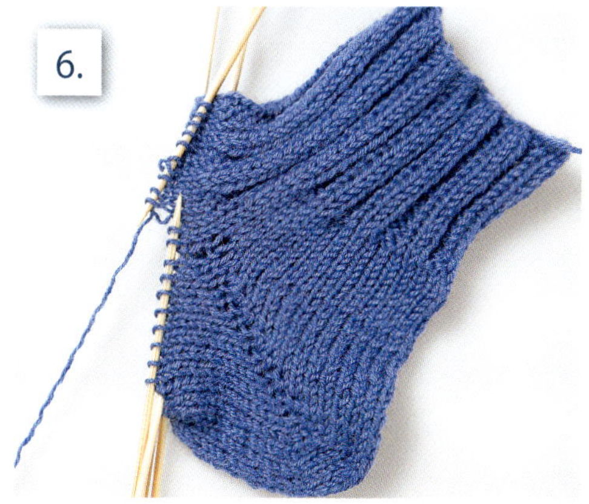

6. Die 3. und 4. Reihe solange wiederholen, bis wieder über alle Fersenmaschen gestrickt wird. Anschließend wieder alle Maschen in Arbeit nehmen und in Runden bis zur erforderlichen Fußlänge weiterstricken.

Die Bandspitze

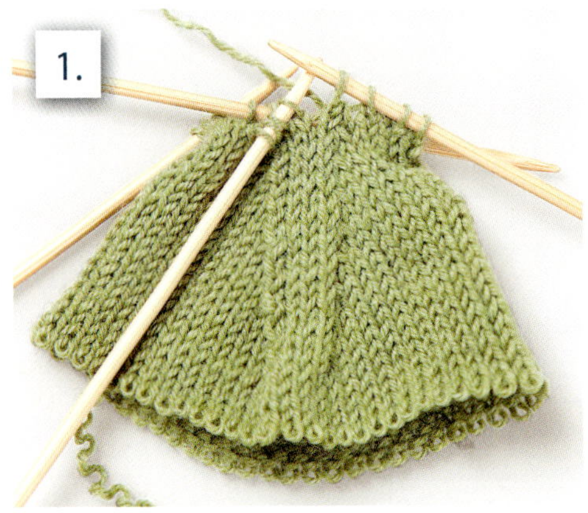

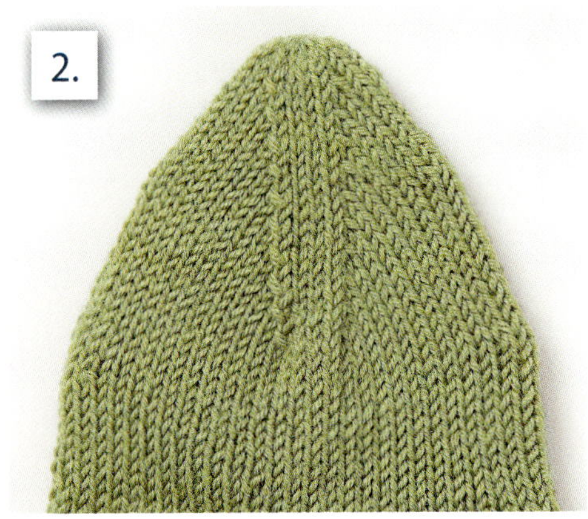

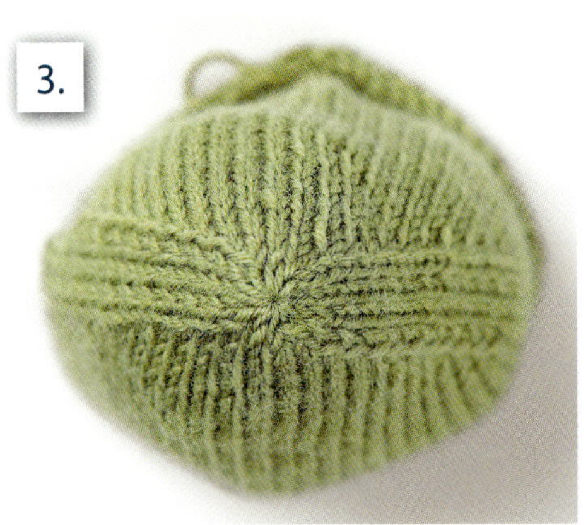

1. und 2. Die Bandspitze ist der Klassiker unter den Sockenspitzen. In jeder zweiten Runde die zweit- und drittletzte Masche der 1. und 3. Nadel rechts zusammenstricken sowie die zweite und dritte Masche der 2. und 4. Nadel überzogen zusammenstricken. Besonders rund wird die Spitze, wenn man, nachdem noch die Hälfte aller Maschen vorhanden ist, die Abnahmen in jeder Runde arbeitet. Auf dem Bild 2 ist zu sehen, dass bis zum Schluss in jeder zweiten Runde abgenommen wurde, so wird die Spitze etwas länger.

Durch die letzten 8 bis 12 Maschen den Faden zweimal durchfädeln und die Maschen dann fest zusammenziehen und den Faden auf der Innenseite der Socke vernähen.

3. Die Bandspitze ist sehr einfach zu arbeiten. Bei der Ansicht von vorne sind die „Bänder" gut zu sehen.

Größentabelle

Maschenprobe: 30 Maschen und 42 Reihen = 10 x 10 cm

Größe	22/23	24/25	26/27	28/29	30/31	32/33	34/35	36/37	38/39	40/41	42/43	44/45	46/47
Fußlänge in cm	14,5	16	17,5	18,5	20	21,5	22,5	24	25,5	26,5	28	29,5	30,5
Maschenanschlag	44	48	48	52	52	56	56	60	60	64	64	68	72
Fersenmaschen Bumerang-Ferse	7/8/7	8/8/8	8/8/8	8/10/8	8/10/8	9/10/9	9/10/9	10/10/10	10/10/10	10/12/10	10/12/10	11/12/11	12/12/12
Fußlänge bis Spitzenbeginn (cm)	11,5	12,5	14	14	15,5	17	18	18,5	20,	21	22	22,5	24

Frühlingspastell

Socken in verlaufenden Farben

Größe: 40/41 und 42/43, jedoch alle Größen möglich

Material

- Junghans »Freizeit 4-fädig« (75 % Schurwolle, 25 % Polyamid, Lauflänge 420 m/100 g):
  je 100 g Pastell-Lila (127-422-10), Denim (269-209-10) und Grün (106-910-10)
- Nadelspiel Nr. 2,5 – 3

Muster

Rippenmuster: 1 Masche rechts, 1 Masche links im Wechsel stricken.

Glatt rechts: Hinreihen rechts und Rückreihen links stricken; in Runden immer rechts stricken.

Zählmuster

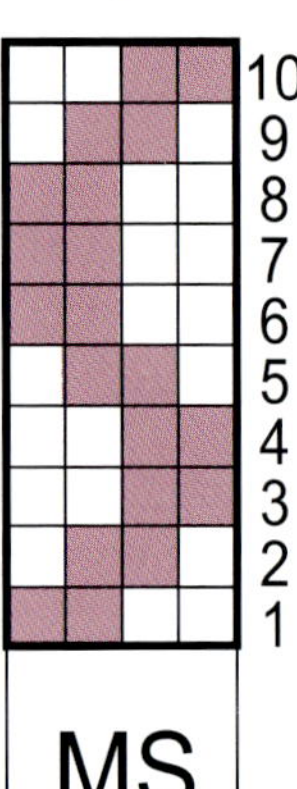

Zeichenerklärung

■ = Pastell-Lila

□ = Akzentfarbe

Jacquardmuster: Maschenzahl teilbar durch 4. Nach dem Zählmuster glatt rechts stricken. Es ist jede Runde gezeichnet. Den Mustersatz (MS) stets wiederholen. Die 1.–10. Runde stets wiederholen.

Farbfolge: * 20 Runden mit Akzentfarbe Denim, 20 Runden mit Akzentfarbe Grün, ab * stets wiederholen.

Maschenprobe

30 Maschen und 42 Reihen = 10 x 10 cm

So wird's gemacht

64 Maschen in Pastell-Lila anschlagen, die Maschen gleichmäßig auf die 4 Nadeln verteilen – 16 Maschen pro Nadel und für den Bund 5 cm im Rippenmuster stricken, dabei in der letzten Runde gleichmäßig verteilt 4 Maschen zunehmen = 68 Maschen. Dann im Jacquardmuster in der Farbfolge stricken. Nach 60 Runden ab Bund die Ferse über die Maschen der 1. und 4. Nadel nach der Tabelle (> Seite 9) in Pastell-Lila stricken, dabei über den 34 Fersenmaschen gleichmäßig verteilt 2 Maschen abnehmen = 32 Fersenmaschen. Die mittleren 2 Runden in Pastell-Lila stricken. Danach den Fuß im Jacquardmuster in der Farbfolge fortsetzen, dabei in der 1. Runde über den Fersen-

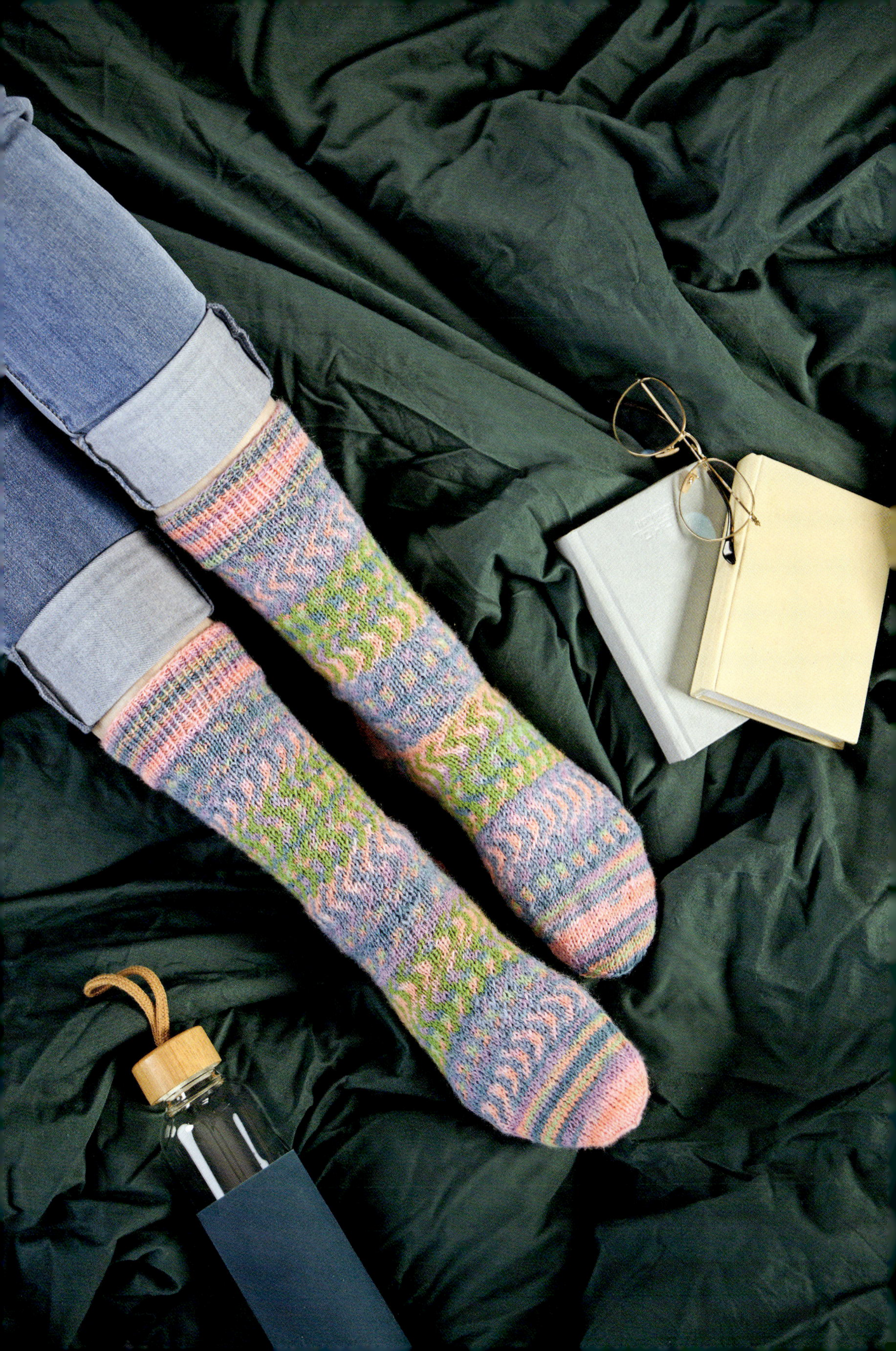

maschen gleichmäßig verteilt wieder 2 Maschen zunehmen = 68 Maschen. Die Bandspitze nach der entsprechenden Fußlänge in Pastell-Lila stricken, dabei in der 1. Runde gleichmäßig verteilt 4 Maschen abnehmen = 64 Maschen. Die restlichen Maschen mit dem Faden zusammenziehen.

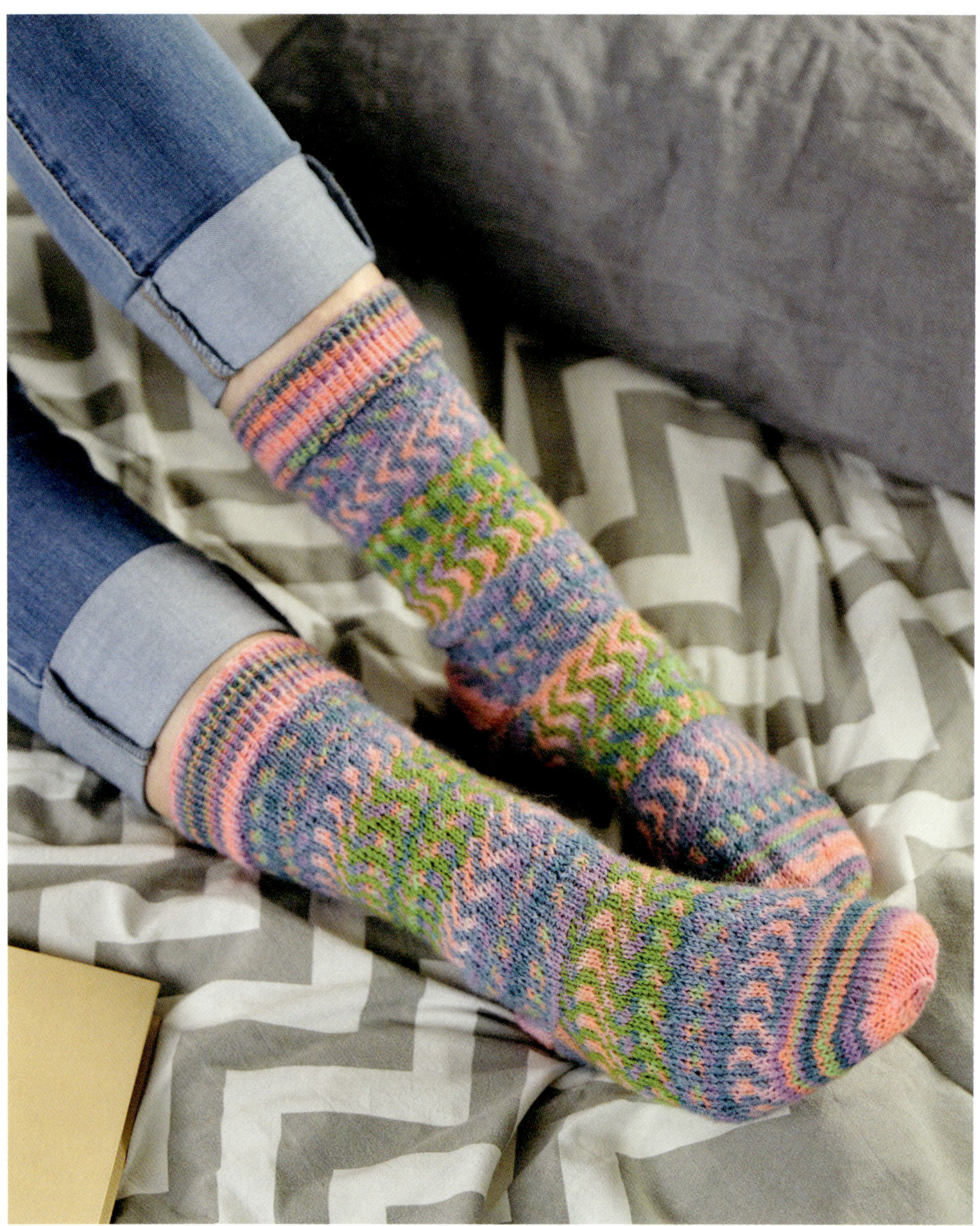

Grafische Kunst

Socken mit Würfelmuster

Größe: 32/33, 34/35, 40/41, 42/43 und 46/47.
Die größeren Größen stehen in Klammern durch Schrägstriche getrennt.

Material

- Austermann »Murano« (75 % Schurwolle, 25 % Polyamid, Lauflänge 400 m/100 g): je 100 g Pink (1152) und Forest (1115)
- Nadelspiel Nr. 2,5 – 3

Muster

Rippenmuster: 1 Masche rechts, 1 Masche links im Wechsel stricken.

Jacquardmuster: Maschenzahl teilbar durch 8. Nach dem Zählmuster glatt rechts stricken. Es ist jede Runde gezeichnet. Den Mustersatz (MS) stets wiederholen. Die 1.–8. Runde stets wiederholen.

Glatt rechts: Hinreihen rechts und Rückreihen links stricken; in Runden immer rechts stricken.

Farbfolge A: 4 Runden Pink und 4 Runden Forest im Wechsel stricken.

Farbfolge B: 2 Runden Pink und 2 Runden Forest im Wechsel stricken.

Maschenprobe

30 Maschen und 42 Reihen = 10 x 10 cm

So wird's gemacht

56 (56/64/64/72) Maschen in Pink anschlagen und die Maschen gleichmäßig auf 4 Nadeln verteilen – 14 (14/16/16/18) Maschen pro Nadel und für den Bund 5 cm im Rippenmuster in der Farbfolge A stricken, dabei in der letzten Runde gleichmäßig verteilt 8 Maschen zunehmen = 64 (64/72/72/80) Maschen. Dann im Jacquardmuster stricken. Nach 64 Runden ab Bund die Ferse über die Maschen der 1. und 4. Nadel nach der Tabelle (> Seite 9) in der Farbfolge B stricken, dabei über den 32 (32/36/36/40) Fersenmaschen gleichmäßig

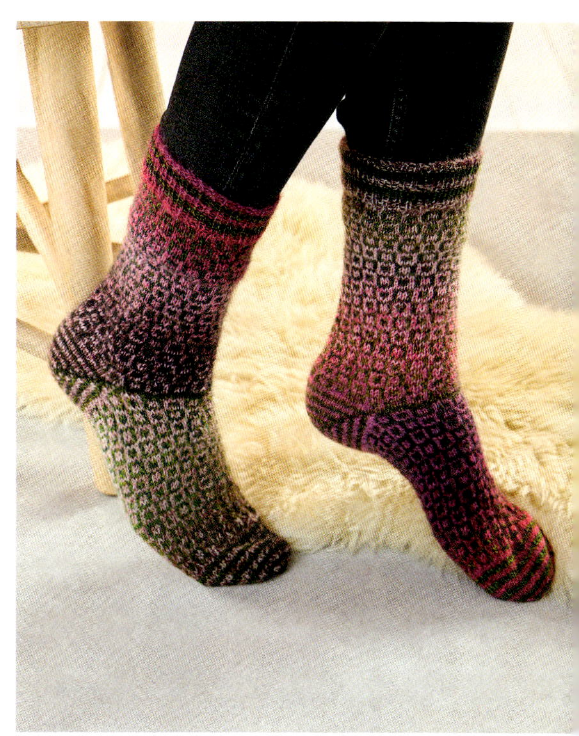

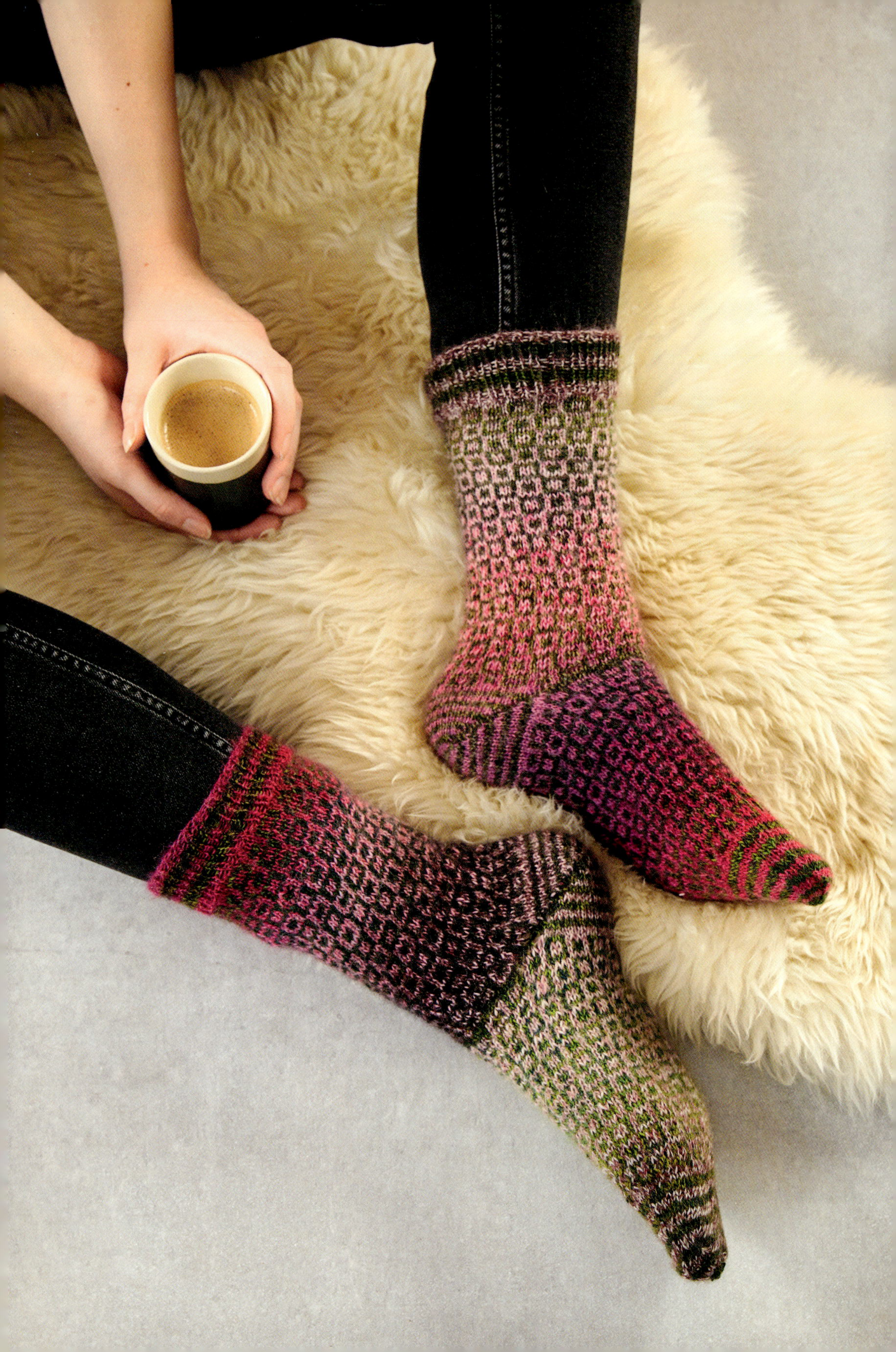

verteilt 4 Maschen abnehmen = 28 (28/32/32/36) Fersenmaschen. Danach den Fuß im Jacquardmuster fortsetzen, dabei in der 1. Runde über den Fersenmaschen gleichmäßig verteilt wieder 4 Maschen zunehmen = 64 (64/72/72/80) Maschen. Die Bandspitze nach der entsprechenden Fußlänge in Farbfolge B stricken, dabei in der 1. Runde gleichmäßig 8 Maschen abnehmen = 56 (56/64/64/72) Maschen. Die restlichen Maschen mit dem Faden zusammenziehen.

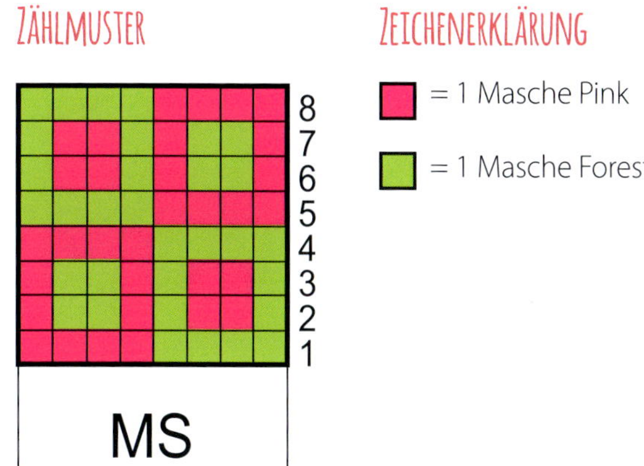

Zickzack

Socken mit schrägen Farblinien

Größe: 40/41 und 42/43, jedoch alle Größen möglich

Material

- Junghans Wollversand »Freizeit 4-fädig« (75 % Schurwolle, 25 % Polyamid, Lauflänge 420 m/100 g): je 100 g Lila (106-898-10) und Lolly meliert (106-886-10)
- Nadelspiel Nr. 2,5 – 3

Muster

Rippenmuster: 1 Masche rechts, 1 Masche links im Wechsel stricken.

Glatt rechts: Hinreihen rechts und Rückreihen links stricken; in Runden immer rechts stricken.

Jacquardmuster: Maschenzahl teilbar durch 4. Nach dem Zählmuster glatt rechts stricken. Es ist jede Runde gezeichnet. Den Mustersatz (MS) stets wiederholen. Die 1. – 20. Runde stets wiederholen.

Maschenprobe

30 Maschen und 42 Reihen = 10 x 10 cm

So wird's gemacht

64 Maschen in Lila anschlagen, die Maschen gleichmäßig auf die 4 Nadeln verteilen – 16 Maschen pro Nadel und für den Bund 5 cm im Rippenmuster stricken, dabei in der letzten Runde gleichmäßig verteilt 4 Maschen zunehmen = 68 Maschen. Dann im Jacquardmuster stricken. Nach 60 Runden ab Bund die Ferse über die Maschen der 1. und 4. Nadel nach der Tabelle (> Seite 9) in Lila stricken, dabei über den 34 Fersenmaschen gleichmäßig verteilt 2 Maschen abnehmen = 32 Maschen. Die mittleren 2 Runden in Lila stricken. Danach den Fuß im Jacquardmuster weiterarbeiten, dabei in der 1. Runde über den Fersenmaschen gleichmäßig verteilt wieder 2 Maschen zunehmen = 68 Maschen. Die Bandspitze nach der entsprechenden Fußlänge in Lila stricken, dabei in der 1. Runde gleichmäßig verteilt 4 Maschen abnehmen = 64 Maschen. Die restlichen Maschen mit dem Faden zusammenziehen.

Zählmuster

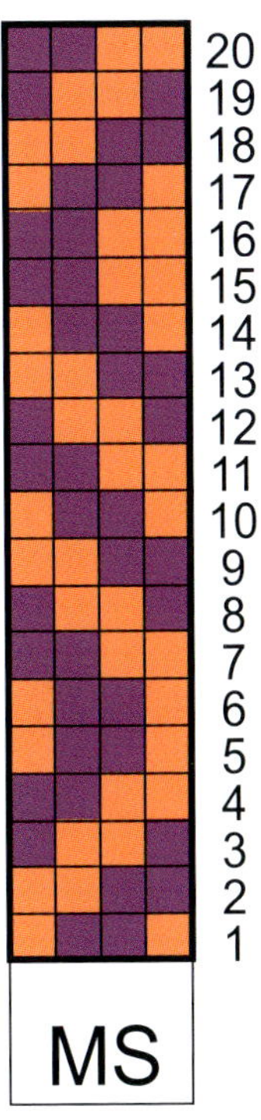

Zeichenerklärung

- = 1 Masche Lila
- = 1 Masche Lolly meliert

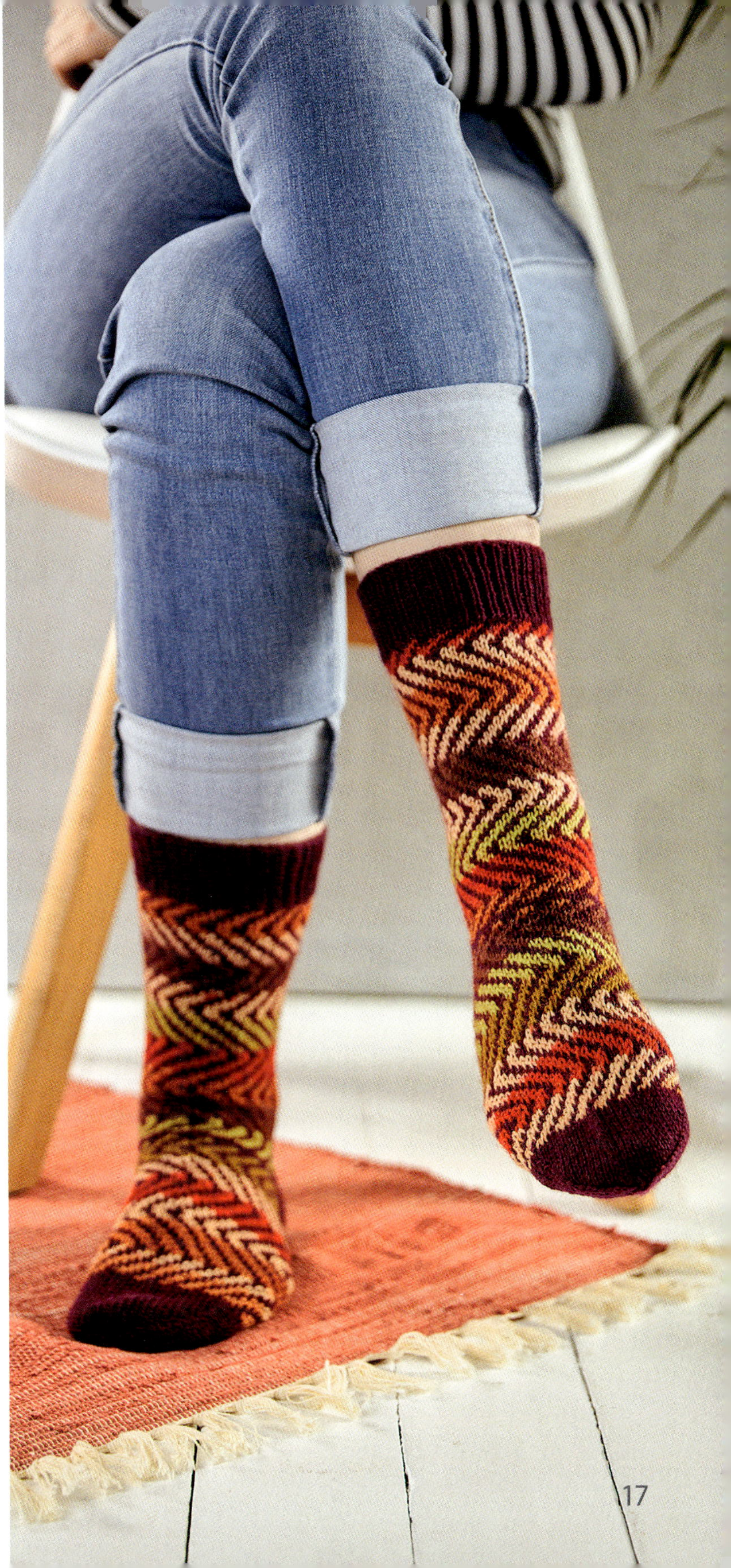

Wellenrauschen

Naturfarbene Socken mit farbigen Wellen

Größe: 40/41 und 42/43, jedoch alle Größen möglich

Material

- Buttinette »Woll Butt Söckli« (75 % Schurwolle, 25 % Polyamid, Lauflänge 210 m/50 g):
  100 g Natur (52.410.51)
- Buttinette »Woll Butt Söckli Color« (75 % Schurwolle, 25 % Polyamid, Lauflänge 210 m/50 g): 50 g Forest (52.142.54)
- Nadelspiel Nr. 2,5 – 3

Muster

Glatt rechts: Hinreihen rechts und Rückreihen links stricken; in Runden immer rechts stricken.

Jacquardmuster: Maschenzahl teilbar durch 4. Nach dem Zählmuster glatt rechts stricken. Es ist jede Runde gezeichnet. Den Mustersatz (MS) stets wiederholen. Die 1.–6. Runde stets wiederholen.

Maschenprobe

30 Maschen und 42 Reihen = 10 x 10 cm

So wird's gemacht

64 Maschen in Natur anschlagen, die Maschen gleichmäßig auf die 4 Nadeln verteilen – 16 Maschen pro Nadel. Für den Rollrand 16 Runden glatt rechts stricken, dabei in der letzten Runde gleichmäßig verteilt 4 Maschen zunehmen = 68 Maschen. Dann im Jacquardmuster stricken. Nach 59 Runden ab Rollrand die Ferse über die Maschen der 1. und 4. Nadel nach der Tabelle (> Seite 9) in Natur stricken, dabei in der 1. Reihe über den 34 Fersenmaschen gleichmäßig verteilt 2 Maschen abnehmen = 32 Fersenmaschen. Die mittleren 2 Runden in Natur stricken. Danach den Fuß im Jacquardmuster fortsetzen, dabei in der 1. Runde über den Fersenmaschen gleichmäßig verteilt wieder 2 Maschen zunehmen = 68 Maschen. Die Bandspitze nach der entsprechenden Fußlänge in Natur stricken, dabei in der 1. Runde gleichmäßig verteilt 4 Maschen abnehmen = 64 Maschen. Die restlichen Maschen mit dem Faden zusammenziehen.

Zählmuster

Zeichenerklärung

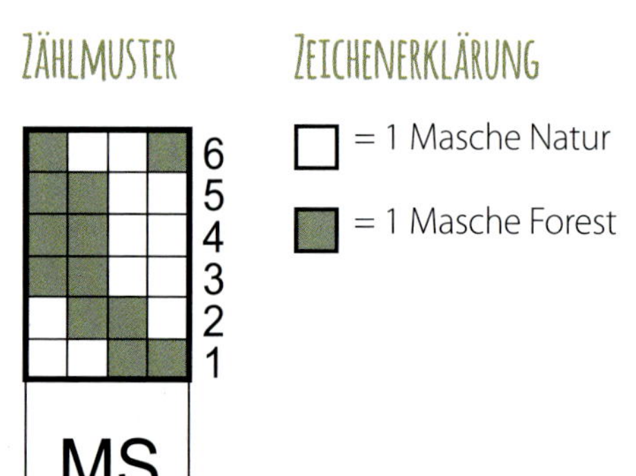

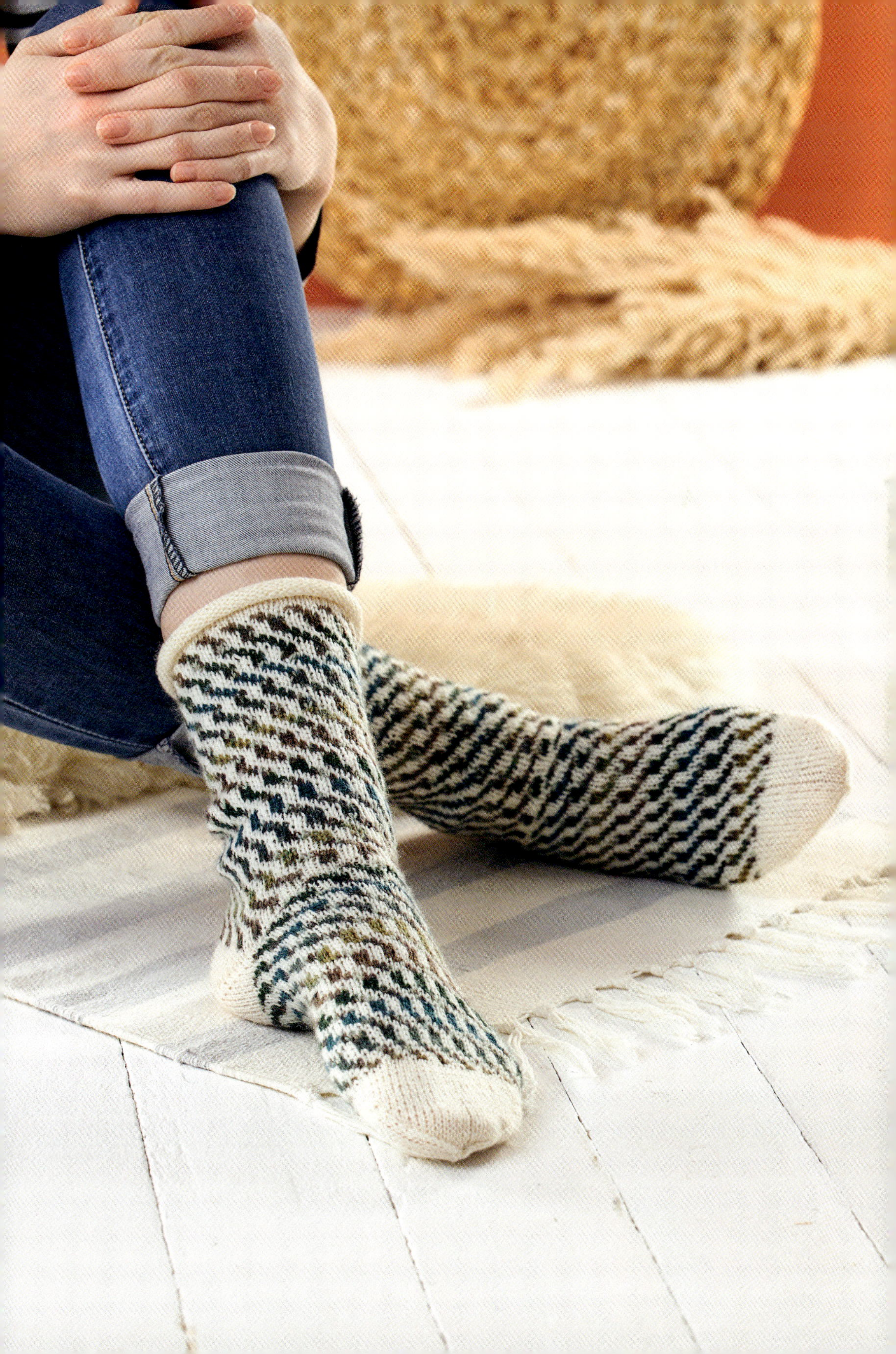

TAG UND NACHT

Socken mit Rollrand

Größe: 36/37 und 38/39, jedoch alle Größen möglich

MATERIAL

- Lang Yarns »Jawoll Magic Dégradé« (75 % Schurwolle, 25 % Polyamid, Lauflänge 400 m/100 g): Grau (85.0070) und »Jawoll« (75 % Schurwolle, 25 % Polyamid, Lauflänge 210 m/50 g): Senf (83-0150)
- Nadelspiel Nr. 2,5 – 3

MUSTER

Rippenmuster: 1 Masche rechts, 1 Masche links im Wechsel stricken.

Glatt rechts: Hinreihen rechts und Rückreihen links stricken; in Runden immer rechts stricken.

Jacquardmuster: Maschenzahl teilbar durch 6. Nach dem Zählmuster glatt rechts stricken. Es ist jede Runde gezeichnet. Den Mustersatz (MS) stets wiederholen. Die 1. – 6. Runde stets wiederholen.

MASCHENPROBE

30 Maschen und 42 Reihen = 10 x 10 cm

SO WIRD'S GEMACHT

60 Maschen in Grau anschlagen, die Maschen gleichmäßig auf die 4 Nadeln verteilen – 15 Maschen pro Nadel und für den Rollrand 16 Runden glatt rechts stricken. Dann für den Bund 5 cm im Rippenmuster stricken, dabei in der letzten Runde gleichmäßig verteilt 6 Maschen zunehmen = 66 Maschen. Dann im Jacquardmuster stricken. Nach 60 Runden ab Bund die Ferse über die Maschen der 1. und 4. Nadel nach der Tabelle (> Seite 9) in Grau stricken, dabei über den 33 Fersenmaschen gleichmäßig verteilt 3 Maschen abnehmen = 30 Fersenmaschen. Die mittleren 2 Runden in Grau stricken. Danach den Fuß im Jacquardmuster weiterarbeiten, dabei in der 1. Runde über den Fersenmaschen gleichmäßig verteilt wieder 3 Maschen zunehmen = 66 Maschen. Die Bandspitze nach der entsprechenden Fußlänge in Grau stricken, dabei in der 1. Runde gleichmäßig verteilt 6 Maschen abnehmen = 60 Maschen. Die restlichen Maschen mit dem Faden zusammenziehen.

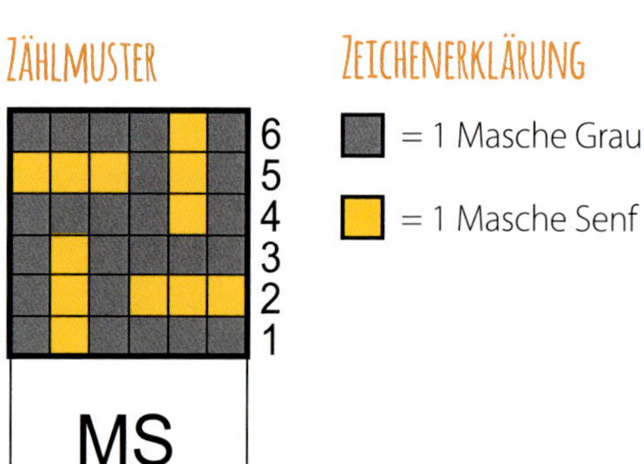

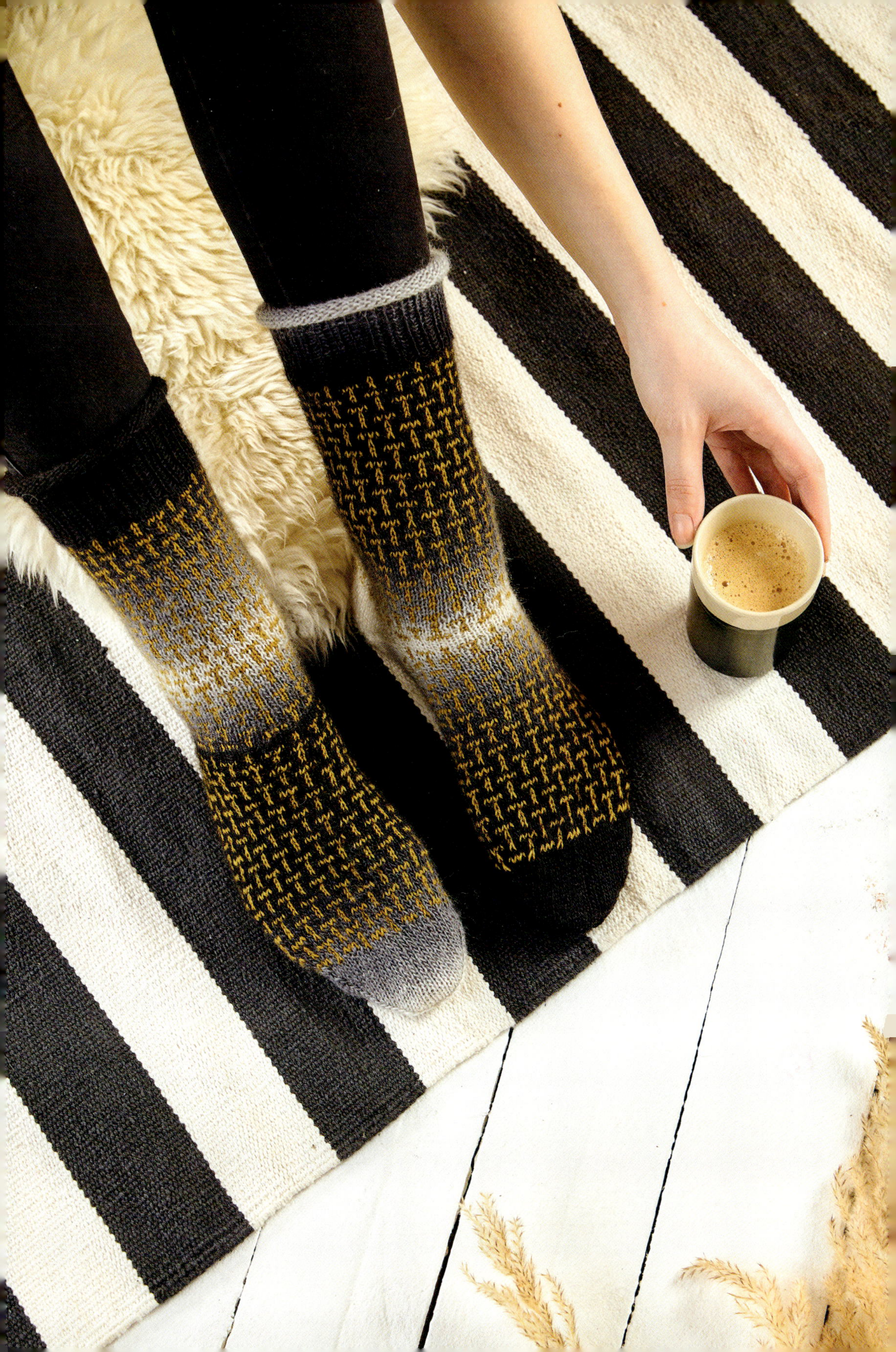

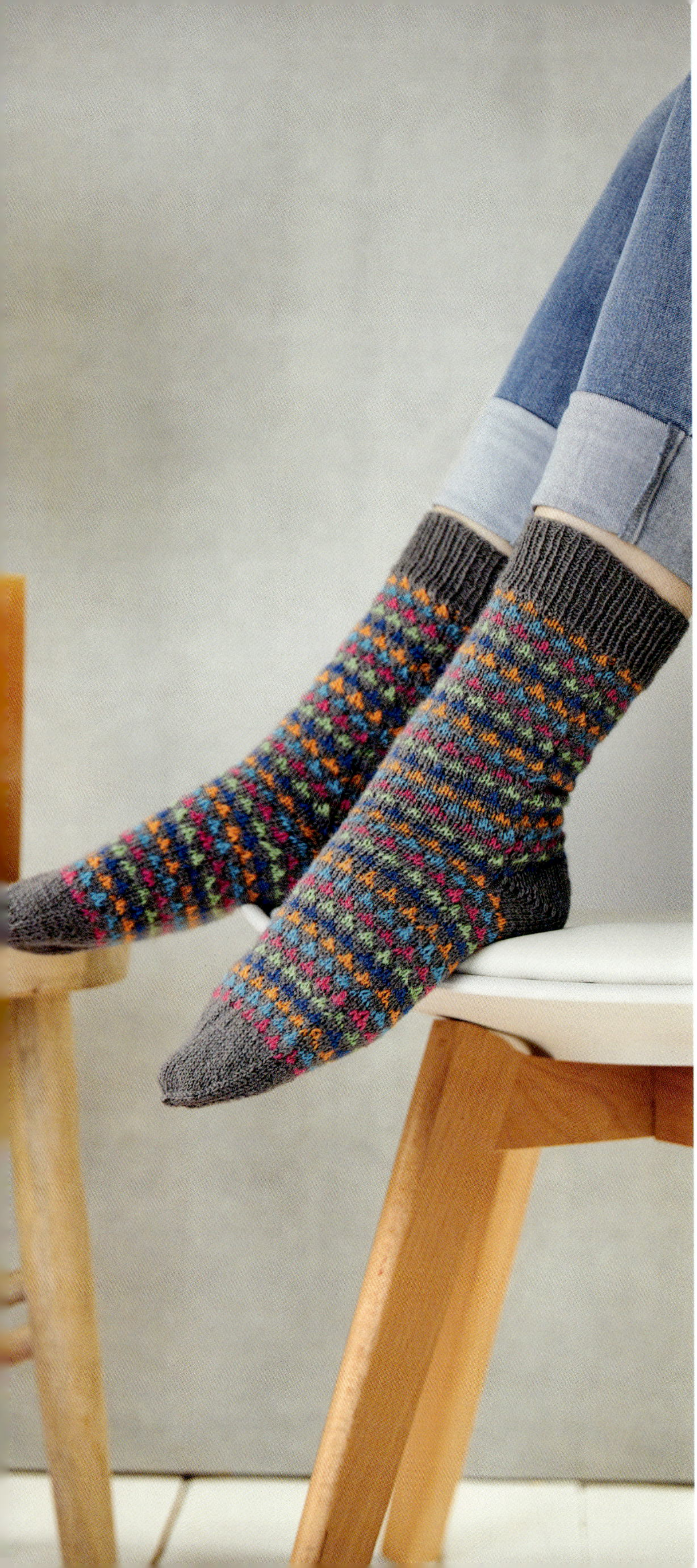

Zählmuster

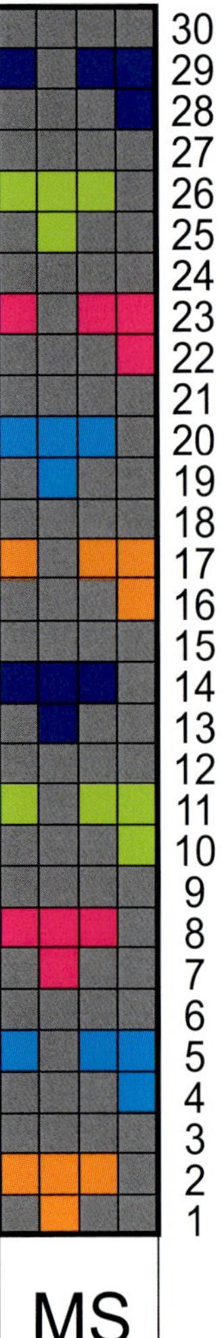

Zeichenerklärung

- = 1 Masche Dunkelgrau
- = 1 Masche Mandarine
- = 1 Masche Türkis
- = 1 Masche Pink
- = 1 Masche Apfel
- = 1 Masche Royal

Bergwanderung

Socken mit kleinem Jacquardmuster

Größe: 40/41 und 42/43, jedoch alle Größen möglich

Material

- Buttinette »Woll Butt Söckli« (75 % Schurwolle, 25 % Polyamid, Lauflänge 210 m/50 g): 100 g Dunkelgrau (52.387.65), je 50 g Mandarine (52.253.49), Apfel (2.253.50), Pink (52.253.48), Türkis (52.253.51) und Royal (52.253.67)
- Nadelspiel Nr. 2,5 – 3

Muster

Rippenmuster: 1 Masche rechts, 1 Masche links im Wechsel stricken.

Glatt rechts: Hinreihen rechts und Rückreihen links stricken; in Runden immer rechts stricken.

Jacquardmuster: Maschenzahl teilbar durch 4. Nach dem Zählmuster glatt rechts stricken. Es ist jede Runde gezeichnet. Den Mustersatz (MS) stets wiederholen. Die 1. – 30. Runde stets wiederholen.

Maschenprobe

30 Maschen und 42 Reihen = 10 x 10 cm

So wird's gemacht

64 Maschen in Dunkelgrau anschlagen, die Maschen gleichmäßig auf die 4 Nadeln verteilen – 16 Maschen pro Nadel und für den Bund 5 cm im Rippenmuster stricken, dabei in der letzten Runde gleichmäßig verteilt 4 Maschen zunehmen = 68 Maschen. Dann im Jacquardmuster stricken. Nach 59 Runden ab Bund die Ferse über die Maschen der 1. und 4. Nadel nach der Tabelle (> Seite 9) in Dunkelgrau stricken, dabei über dem 34 Fersenmaschen gleichmäßig verteilt 2 Maschen abnehmen = 32 Fersenmaschen. Keine 2 Runden in der Mitte arbeiten, sondern nur 1 Runde in Dunkelgrau stricken. Danach den Fuß im Jacquardmuster weiterarbeiten, dabei in der 1. Runde über den Fersenmaschen gleichmäßig verteilt wieder 2 Maschen zunehmen = 68 Maschen. Die Bandspitze nach der entsprechenden Fußlänge in Dunkelgrau stricken, dabei in der 1. Runde gleichmäßig verteilt 4 Maschen abnehmen = 64 Maschen. Die restlichen Maschen mit dem Faden zusammenziehen.

Am laufenden Band

Socken mit Bordürenstreifen

Größe: 40/41 und 42/43, jedoch alle Größen möglich

Material

- Buttinette »Woll Butt Söckli« (75 % Schurwolle, 25 % Polyamid, Lauflänge 210 m/50 g): je 100 g Holz Mouliné (52.115.59) und Bordeaux Mouliné (52.115.58) und 50 g Bordeaux (52.410.52)
- Nadelspiel Nr. 2,5 – 3

Muster

Rippenmuster: 1 Masche rechts, 1 Masche links im Wechsel stricken.

Glatt rechts: Hinreihen rechts und Rückreihen links stricken; in Runden immer rechts stricken.

Jacquardmuster: Maschenzahl teilbar durch 4. Nach dem Zählmuster glatt rechts stricken. Es ist jede Runde gezeichnet. Den Mustersatz (MS) stets wiederholen. Die 1. – 10. Runde stets wiederholen.

Maschenprobe

30 Maschen und 42 Reihen = 10 x 10 cm

Zählmuster

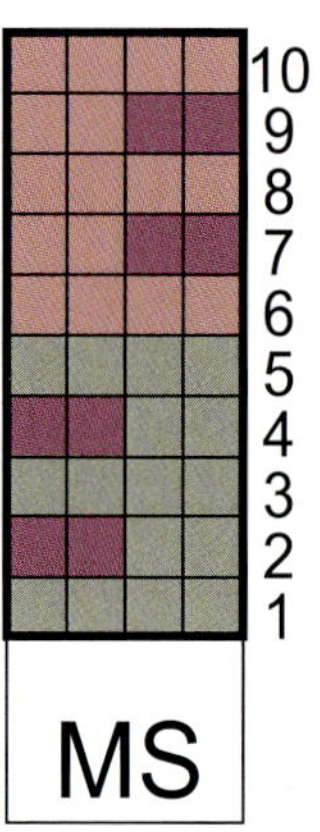

Zeichenerklärung

- = 1 Masche Holz Mouliné
- = 1 Masche Bordeaux
- = 1 Masche Bordeaux Mouliné

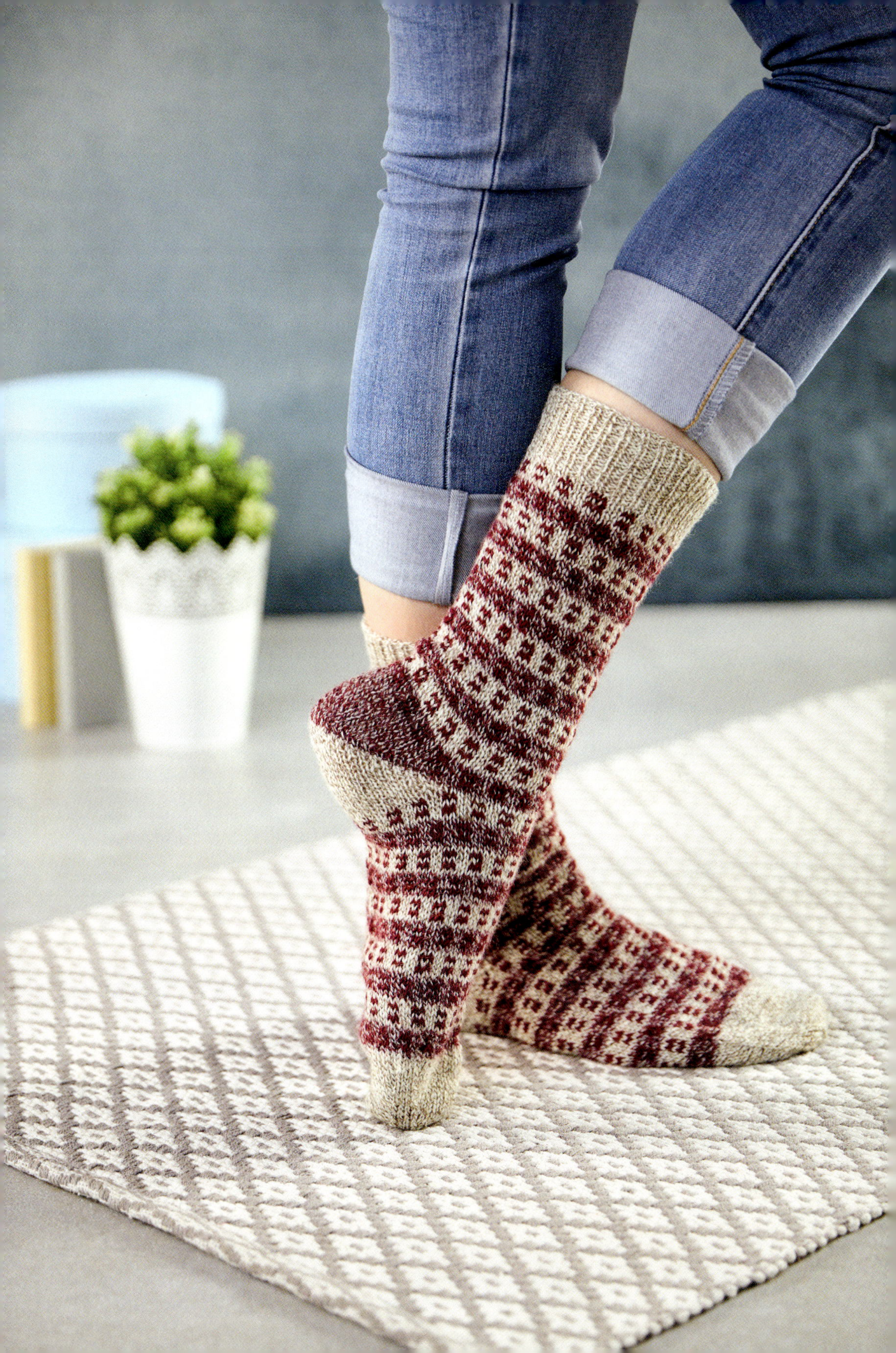

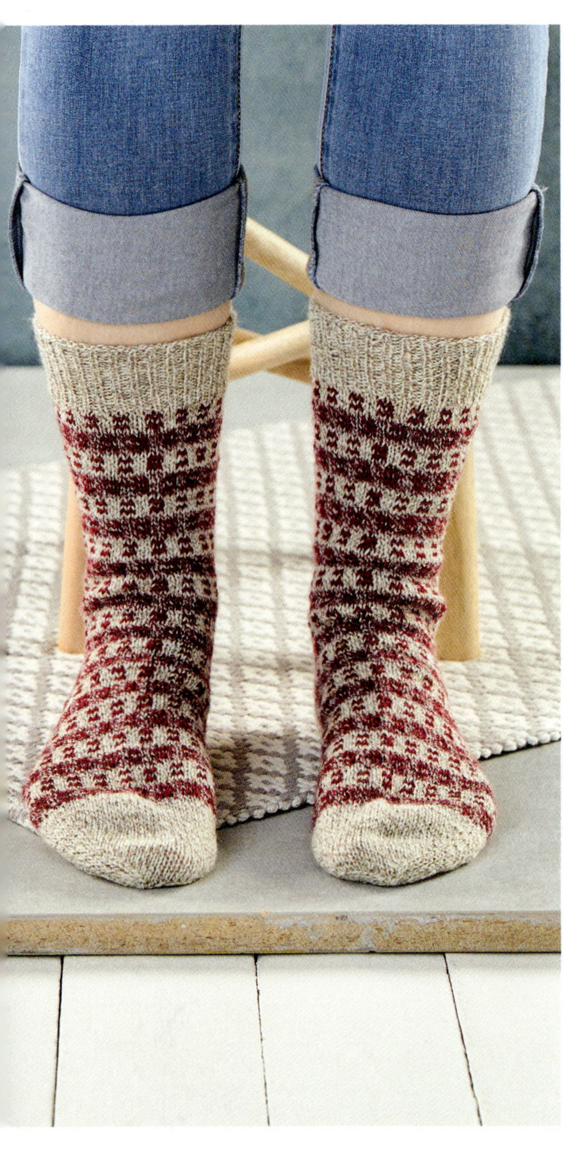

So wird's gemacht

64 Maschen in Holz Mouliné anschlagen, die Maschen gleichmäßig auf die 4 Nadeln verteilen – 16 Maschen pro Nadel und für den Bund 5 cm im Rippenmuster stricken, dabei in der letzten Runde gleichmäßig verteilt 4 Maschen zunehmen = 68 Maschen. Dann im Jacquardmuster stricken. Nach 59 Runden ab Bund die erste Fersenhälfte über die Maschen der 1. und 4. Nadel nach der Tabelle (> Seite 9) in Bordeaux Mouliné stricken, dabei über den 34 Fersenmaschen gleichmäßig verteilt 2 Maschen abnehmen = 32 Fersenmaschen. Die erste der mittleren 2 Runden in Bordeaux Mouliné und die zweite in Holz Mouliné stricken. Die zweite Fersenhälfte in Holz Mouliné stricken. Danach den Fuß im Jacquardmuster fortsetzen, dabei in der 1. Runde über den Fersenmaschen gleichmäßig verteilt wieder 2 Maschen zunehmen = 68 Maschen. Die Bandspitze nach der entsprechenden Fußlänge in Holz Mouliné stricken, dabei in der 1. Runde gleichmäßig verteilt 4 Maschen abnehmen = 64 Maschen. Die restlichen Maschen mit dem Faden zusammenziehen.

Coole Colorierung

Socken mit Hahnentrittmustervariante

Größe: 32/33, 34/35, 40/41, 42/43 und 46/47.
Die größeren Größen stehen in Klammern durch Schrägstriche getrennt.

Material

- Lang Yarns »Jawoll« (75 % Schurwolle, 25 % Polyamid, Lauflänge 210 m/50 g): 100 g Hellgrau (83.0023) und je 50 g Lila (83.0280), Senf (83.0150) und Petrol (83.0288)
- Nadelspiel Nr. 2,5 – 3

Muster

Rippenmuster: 1 Masche rechts, 1 Masche links im Wechsel stricken.

Glatt rechts: Hinreihen rechts und Rückreihen links stricken; in Runden immer rechts stricken.

Jacquardmuster: Maschenzahl teilbar durch 7. Nach dem Zählmuster glatt rechts stricken. Es ist jede Runde gezeichnet. Den Mustersatz (MS) stets wiederholen. Die 1.– 24. Runde stets wiederholen.

Maschenprobe

30 Maschen und 42 Reihen = 10 x 10 cm

So wird's gemacht

56 (56/64/64/72) Maschen in Hellgrau anschlagen, die Maschen gleichmäßig auf die 4 Nadeln verteilen – 14 (14/16/16/18) Maschen pro Nadel.

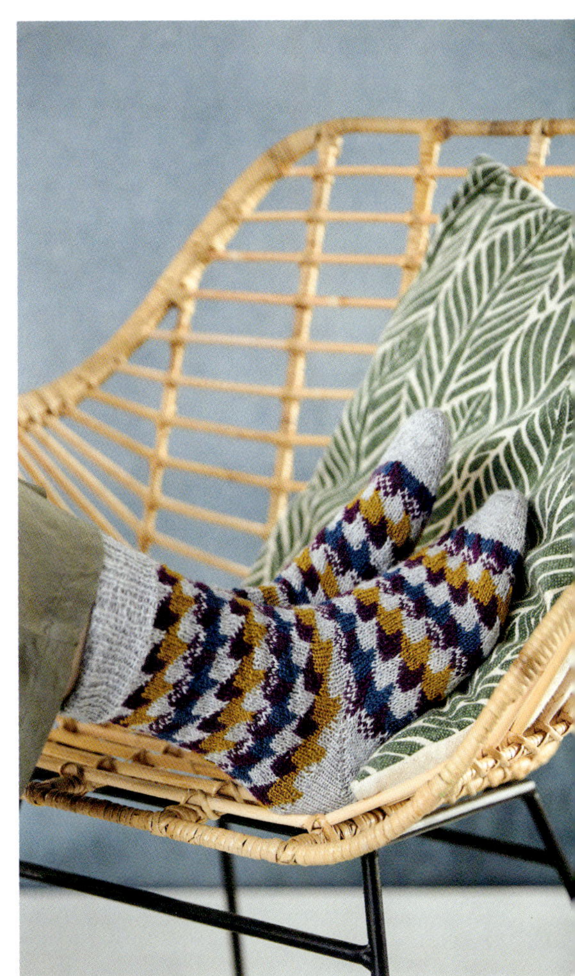

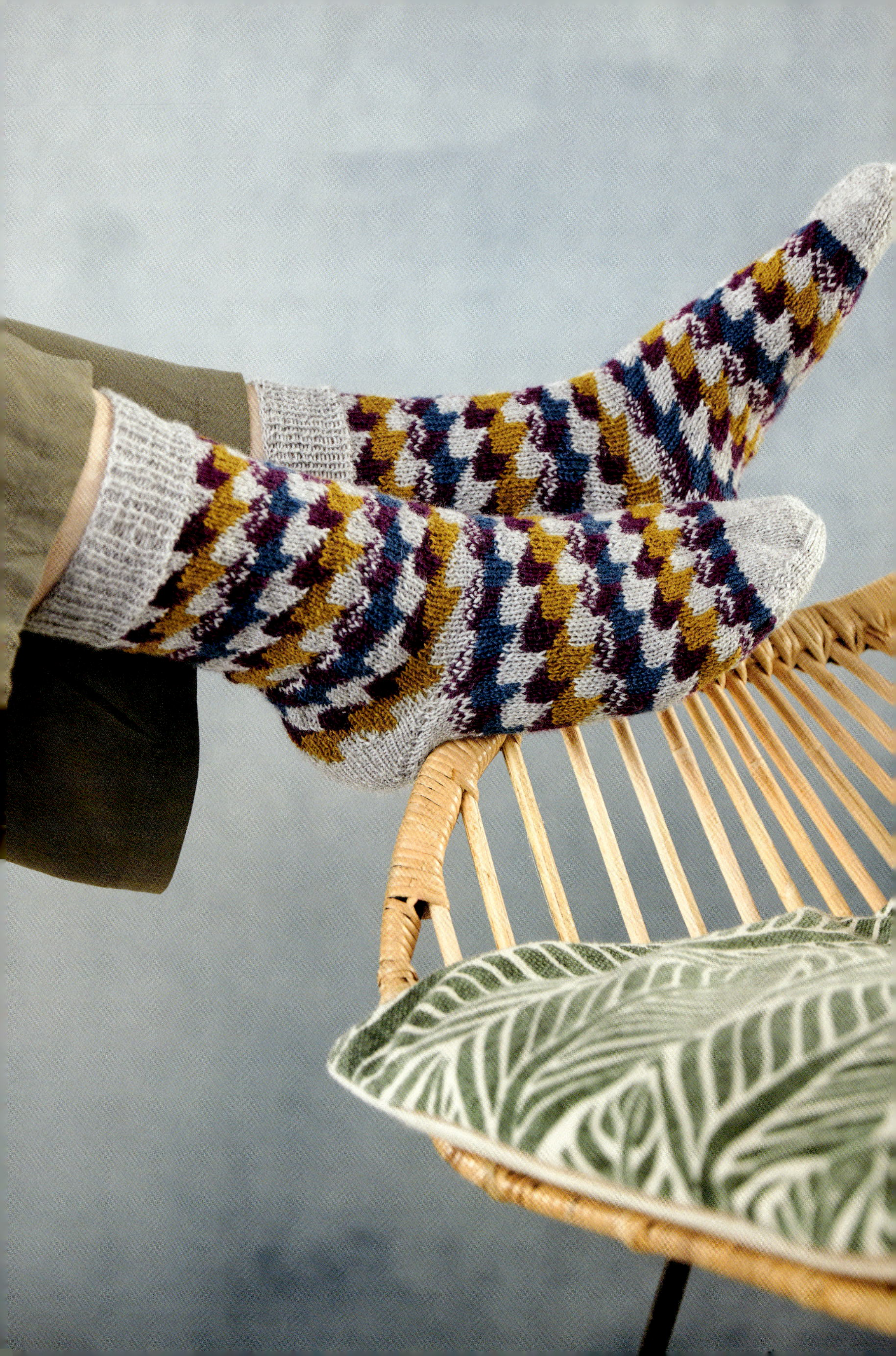

Für den Bund 5 cm im Rippenmuster stricken, dabei in der letzten Runde gleichmäßig verteilt 7 (7/6/6/5) Maschen zunehmen = 63 (63/70/70/77) Maschen – 16, 16, 16, 15 (16, 16, 16, 15 bzw. 17, 18, 17, 18 bzw. 17, 18, 17, 18 bzw. 19, 19, 19, 20) Maschen pro Nadel. Dann im Jacquardmuster stricken. Nach 60 Runden ab Bund die Ferse über die Maschen der 1. und 4. Nadel = 31 (31/35/35/39) Maschen nach der Tabelle (> Seite 9) in Hellgrau stricken, dabei über den Fersenmaschen gleichmäßig verteilt 3 Maschen abnehmen = 28 (28/32/32/36) Fersenmaschen. Die mittleren 2 Runden in Grau stricken. Danach den Fuß im Jacquardmuster fortsetzen, dabei in der 1. Runde über den Fersenmaschen gleichmäßig verteilt wieder 3 Maschen zunehmen = 63 (63/70/70/77) Maschen. Die Bandspitze nach der entsprechenden Fußlänge in Grau stricken, dabei in der 1. Runde gleichmäßig verteilt 7 (7/6/6/5) Maschen abnehmen = 56 (56/64/64/72) Maschen. Die restlichen Maschen mit dem Faden zusammenziehen.

Zählmuster

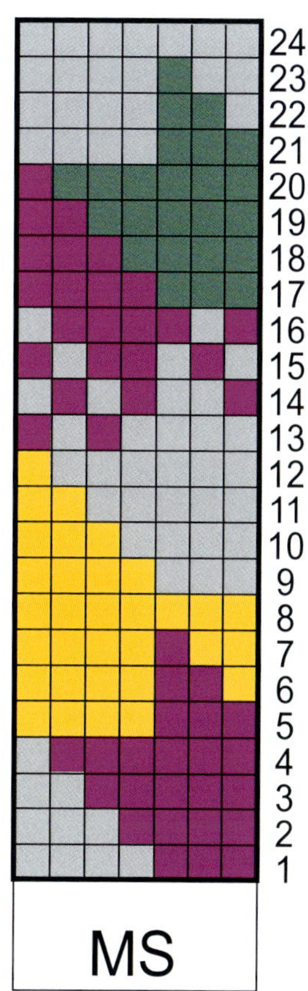

Zeichenerklärung

- = 1 Masche Hellgrau
- = 1 Masche Lila
- = 1 Masche Senf
- = 1 Masche Petrol

Elegante Musterung

Socken mit geraden und schrägen Linien

Größe: 36/37 und 38/39, jedoch alle Größen möglich

Material

- Junghans Wolle »Freizeit 4-fädig« (75 % Schurwolle, 25 % Polyamid, Lauflänge 420 m/100 g): je 100 g Wollweiß (269-449-10), Marine (269-050-10), Weinrot (269-233-10) und Hellgrau (269-613-10)
- Nadelspiel Nr. 2,5 – 3

Muster

Rippenmuster: 1 Masche rechts, 1 Masche links im Wechsel stricken.

Glatt rechts: Hinreihen rechts und Rückreihen links stricken; in Runden immer rechts stricken.

Jacquardmuster: Maschenzahl teilbar durch 6. Nach dem Zählmuster glatt rechts stricken. Es ist jede Runde gezeichnet. Den Mustersatz (MS) stets wiederholen. Die 1.–6. Runde stets wiederholen.

Maschenprobe

30 Maschen und 42 Reihen = 10 x 10 cm

So wird's gemacht

60 Maschen in Wollweiß anschlagen, die Maschen gleichmäßig auf die 4 Nadeln verteilen – 15 Maschen pro Nadel. Für den Bund 5 cm im Rippenmuster stricken, dabei in der letzten Runde gleichmäßig verteilt 6 Maschen zunehmen = 66 Maschen. Dann im Jacquardmuster stricken. Nach 60 Runden ab Bund die Ferse über die Maschen der 1. und 4. Nadel nach der Tabelle (> Seite 9) in Wollweiß stricken, dabei über den 33 Fersenmaschen gleichmäßig verteilt 3 Maschen abnehmen = 30 Fersenmaschen. Die mittleren 2 Runden in Wollweiß stricken. Danach den Fuß im Jacquardmuster fortsetzen, dabei in der 1. Runde über den Fersenmaschen gleichmäßig verteilt wieder 3 Maschen zunehmen = 66 Maschen. Die Bandspitze nach der entsprechenden Fußlänge in Wollweiß stricken, dabei in der 1. Runde gleichmäßig verteilt 6 Maschen abnehmen = 60 Maschen. Die restlichen Maschen mit dem Faden zusammenziehen.

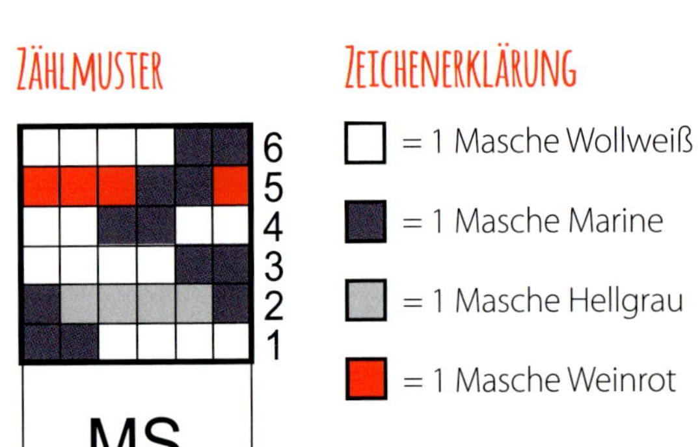

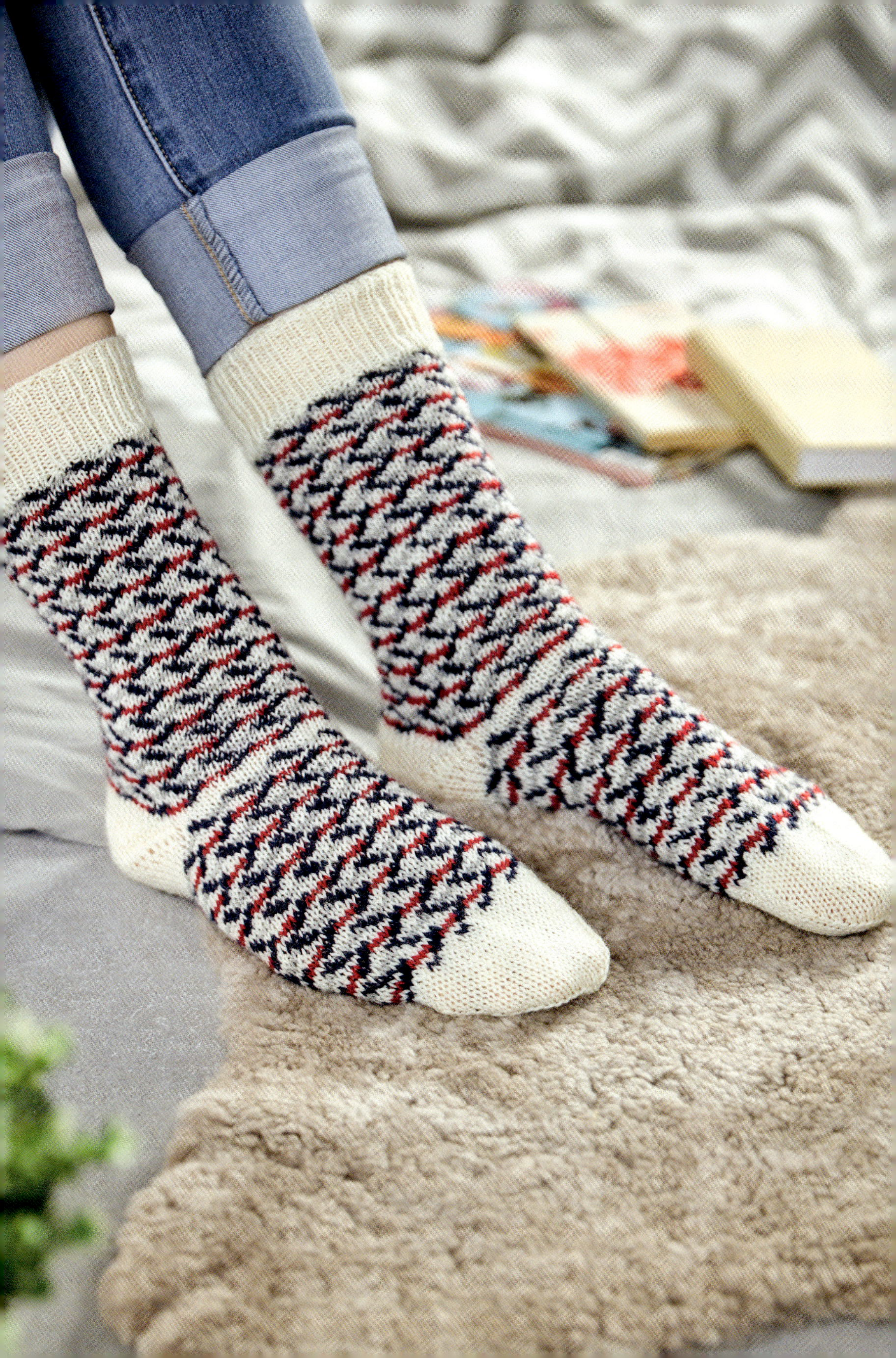

Bauhausstil

Socken mit frischen Farben

Größe: 36/37 und 38/39, jedoch alle Größen möglich

Material

- Buttinette »Woll Butt Söckli« (75 % Schurwolle, 25 % Polyamid, Lauflänge 210 m/50 g): 100 g Dunkelbraun (52.230.65) und je 50 g Pink (52.253.48), Apfel (52.253.50) und Weiß (52.240.35)
- Nadelspiel Nr. 2,5 – 3

Muster

Rippenmuster: 2 Maschen rechts, 2 Maschen links im Wechsel stricken.

Glatt rechts: Hinreihen rechts und Rückreihen links stricken; in Runden immer rechts stricken.

Jacquardmuster: Maschenzahl teilbar durch 6. Nach dem Zählmuster glatt rechts stricken. Es ist jede Runde gezeichnet. Den Mustersatz (MS) stets wiederholen. Die 1. – 12. Runde stets wiederholen.

Maschenprobe

30 Maschen und 42 Reihen = 10 x 10 cm

So wird's gemacht

60 Maschen in Dunkelbraun anschlagen, die Maschen gleichmäßig auf die 4 Nadeln verteilen – 15 Maschen pro Nadel. Für den Bund 5 cm im Rippenmuster stricken, dabei in der letzten Runde gleichmäßig verteilt 6 Maschen zunehmen = 66 Maschen. Dann im Jacquardmuster stricken. Nach 60 Runden ab Bund die Ferse über die Maschen der 1. und 4. Nadel nach Tabelle (> Seite 9) in Dunkelbraun stricken, dabei über den 33 Fersenmaschen gleichmäßig verteilt 3 Maschen abnehmen = 30 Fersenmaschen. Die mittleren 2 Runden in Dunkelbraun stricken. Danach den Fuß im Jacquardmuster fortsetzen, dabei in der 1. Runde über den Fersenmaschen gleichmäßig verteilt wieder 3 Maschen zunehmen = 66 Maschen. Die Bandspitze nach der entsprechenden Fußlänge in Dunkelbraun stricken, dabei in der 1. Runde gleichmäßig verteilt 6 Maschen abnehmen = 60 Maschen. Die restlichen Maschen mit dem Faden zusammenziehen.

Zählmuster

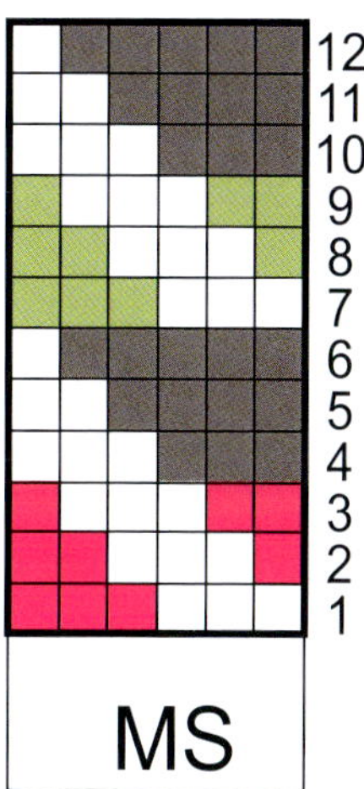

Zeichenerklärung

- □ = 1 Masche Weiß
- ■ = 1 Masche Pink
- ■ = 1 Masche Dunkelbraun
- ■ = 1 Masche Apfel

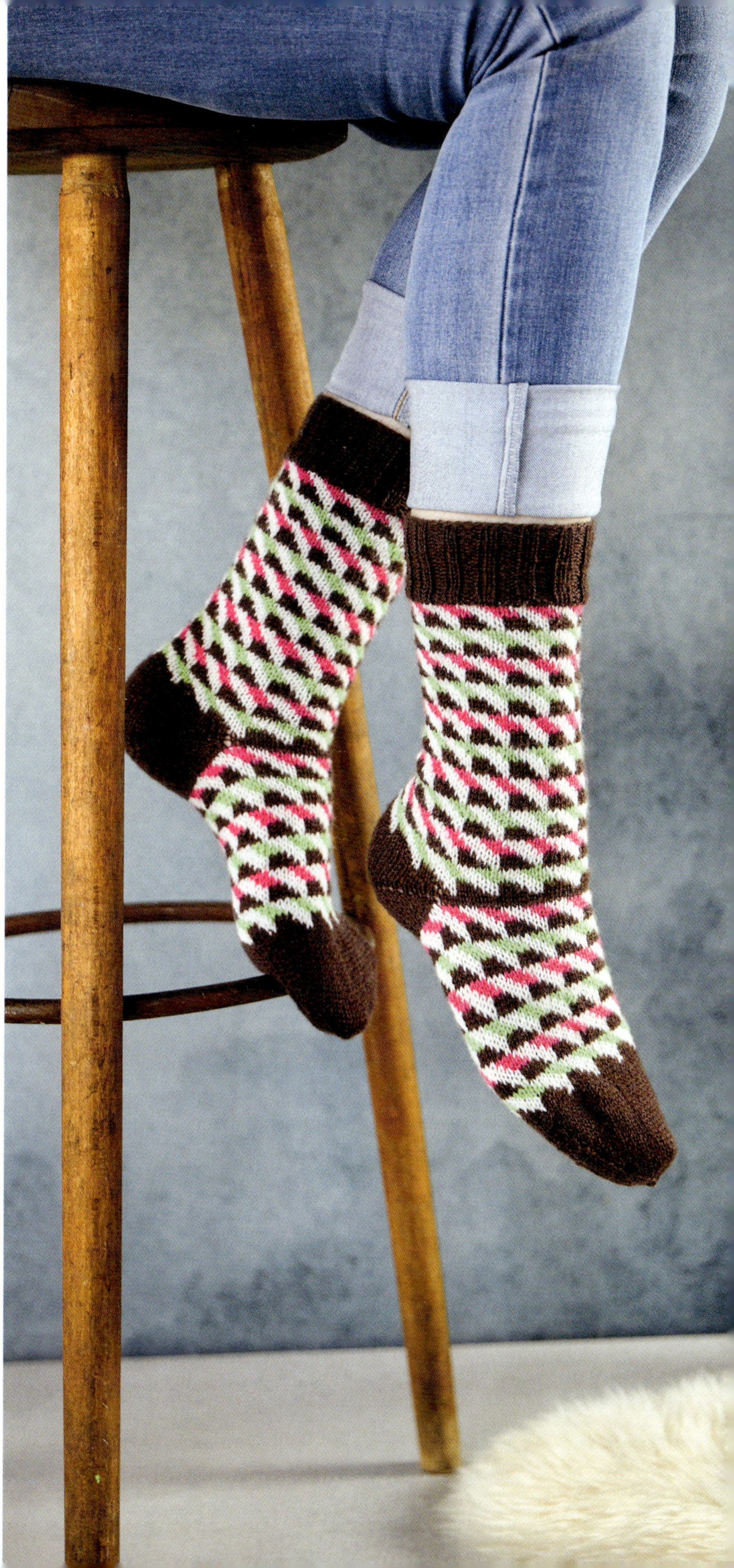

Nordisch kühl

Socken mit Norwegermuster

Größe: 32/33, 34/35, 40/41, 42/43 und 46/47.
Die größeren Größen stehen in Klammern durch Schrägstriche getrennt.

Material

- Junghans Wolle »Freizeit 4-fädig« (75 % Schurwolle, 25 % Polyamid, Lauflänge 420 m/100 g): je 100 g Wollweiß (269-159-10) und Jeans (269-449-10)
- Nadelspiel Nr. 2,5 – 3

Muster

Rippenmuster: 1 Masche rechts, 1 Masche links im Wechsel stricken.

Glatt rechts: Hinreihen rechts und Rückreihen links stricken; in Runden immer rechts stricken.

Jacquardmuster: Maschenzahl teilbar durch 8. Nach dem Zählmuster glatt rechts stricken. Es ist jede Runde gezeichnet. Den Mustersatz (MS) stets wiederholen. Die 1. – 30. Runde stets wiederholen.

Maschenprobe

30 Maschen und 42 Reihen = 10 x 10 cm

Zählmuster

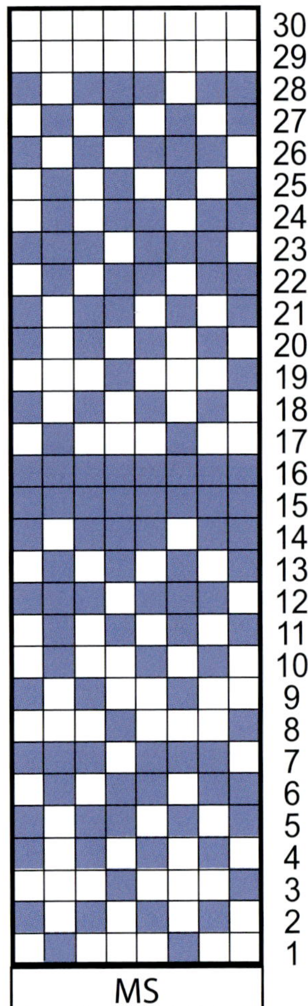

Zeichenerklärung

☐ = 1 Masche Wollweiß

■ = 1 Masche Jeans

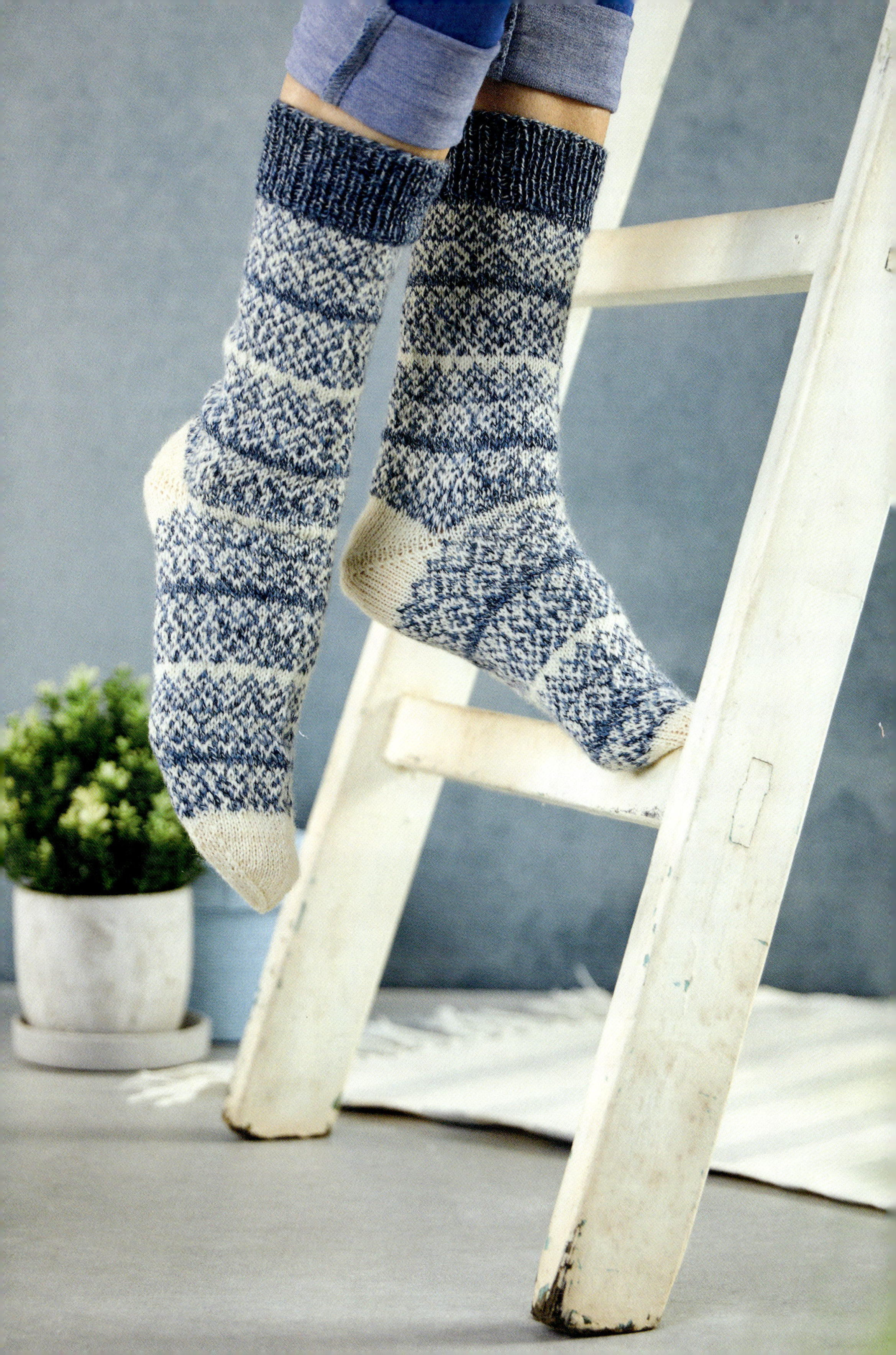

So wird's gemacht

56 (56/64/64/72) Maschen in Jeans anschlagen, die Maschen gleichmäßig auf die 4 Nadeln verteilen – 14 (14/16/16/18) Maschen pro Nadel. Für den Bund 5 cm im Rippenmuster stricken, dabei in der letzten Runde gleichmäßig verteilt 8 Maschen zunehmen = 64 (64/72/72/80) Maschen. Dann im Jacquardmuster stricken. Nach 58 Runden ab Bund die Ferse über die Maschen der 1. und 4. Nadel nach Tabelle (> Seite 9) in Wollweiß stricken, dabei über dem 32 (32/36/36/40) Fersenmaschen gleichmäßig verteilt 4 Maschen abnehmen = 28 (28/32/32/36) Fersenmaschen. Die mittleren 2 Runden in Wollweiß stricken. Danach den Fuß im Jacquardmuster fortsetzen, dabei mit der 1. Runde des Musters beginnen und in der 1. Runde über den Fersenmaschen gleichmäßig verteilt wieder 4 Maschen zunehmen = 64 (64/72/72/80) Maschen. Die Bandspitze nach der entsprechenden Fußlänge in Wollweiß stricken, dabei in der 1. Runde gleichmäßig verteilt 8 Maschen abnehmen = 56 (56/64/64/72) Maschen. Die restlichen Maschen mit dem Faden zusammenziehen.

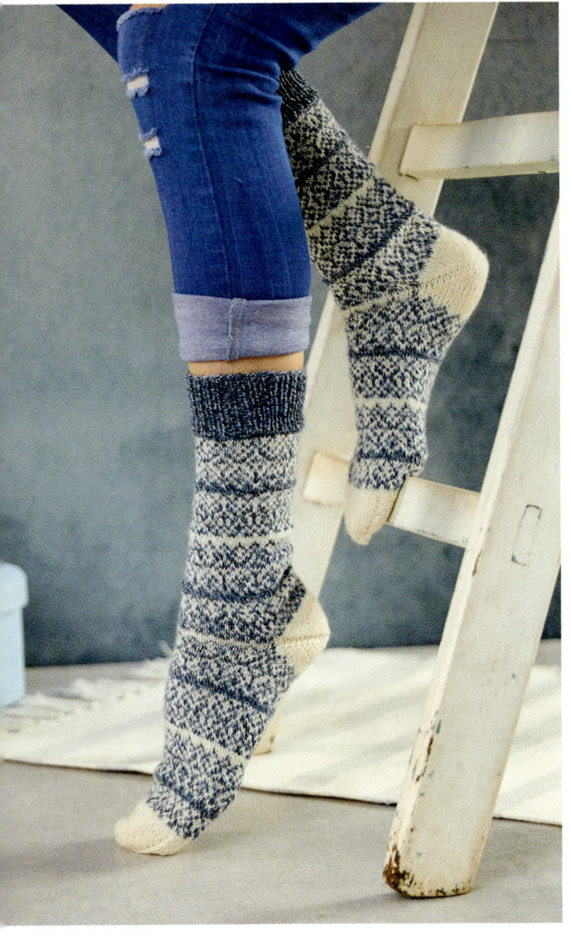

Punktlandung

Socken mit Pünktchenmuster

Größe: 40/41 und 42/43, jedoch alle Größen möglich

Material

- Austermann »Step Classic« (75 % Schurwolle, 25 % Polyamid, Lauflänge 420 m/100 g): je 100 g Sand meliert (1035), Flieder (1022), Lila (1007) und Pink (1016)
- Nadelspiel Nr. 2,5 – 3

Muster

Rippenmuster: 1 Masche rechts, 1 Masche links im Wechsel stricken.

Glatt rechts: Hinreihen rechts und Rückreihen links stricken; in Runden immer rechts stricken.

Jacquardmuster A und B: Maschenzahl teilbar durch 4. Nach den Zählmustern A und B stricken. Es ist jede Runde gezeichnet. Den Mustersatz (MS) stets wiederholen. Jacquardmuster A: Die 1. – 6. Runde stets wiederholen. Jacquardmuster B: 1x die 1. – 23. Runde arbeiten.

Musterfolge: 18 Runden Jacquardmuster A, 23 Runde Jacquardmuster B, danach im Jacquardmuster A stricken, dabei mit der 4. Runde beginnen; nach 15 Runden im Jacquardmuster A beginnt die Ferse, dabei entsprechen die mittleren 2 Runden der Ferse den ersten 2 Runden des Jacquardmusters A; am Fuß in den letzten 6 Runden vor der Bandspitze die 3. – 8. Runde von Jacquardmuster B stricken, dabei darauf achten, dass das Pünktchenmuster genau übereinanderpasst.

Maschenprobe

30 Maschen und 42 Reihen = 10 x 10 cm

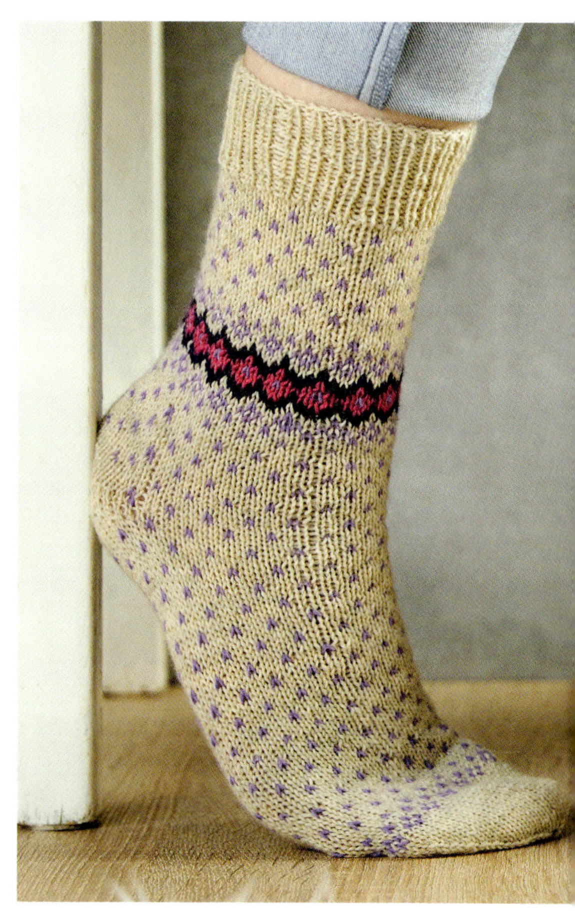

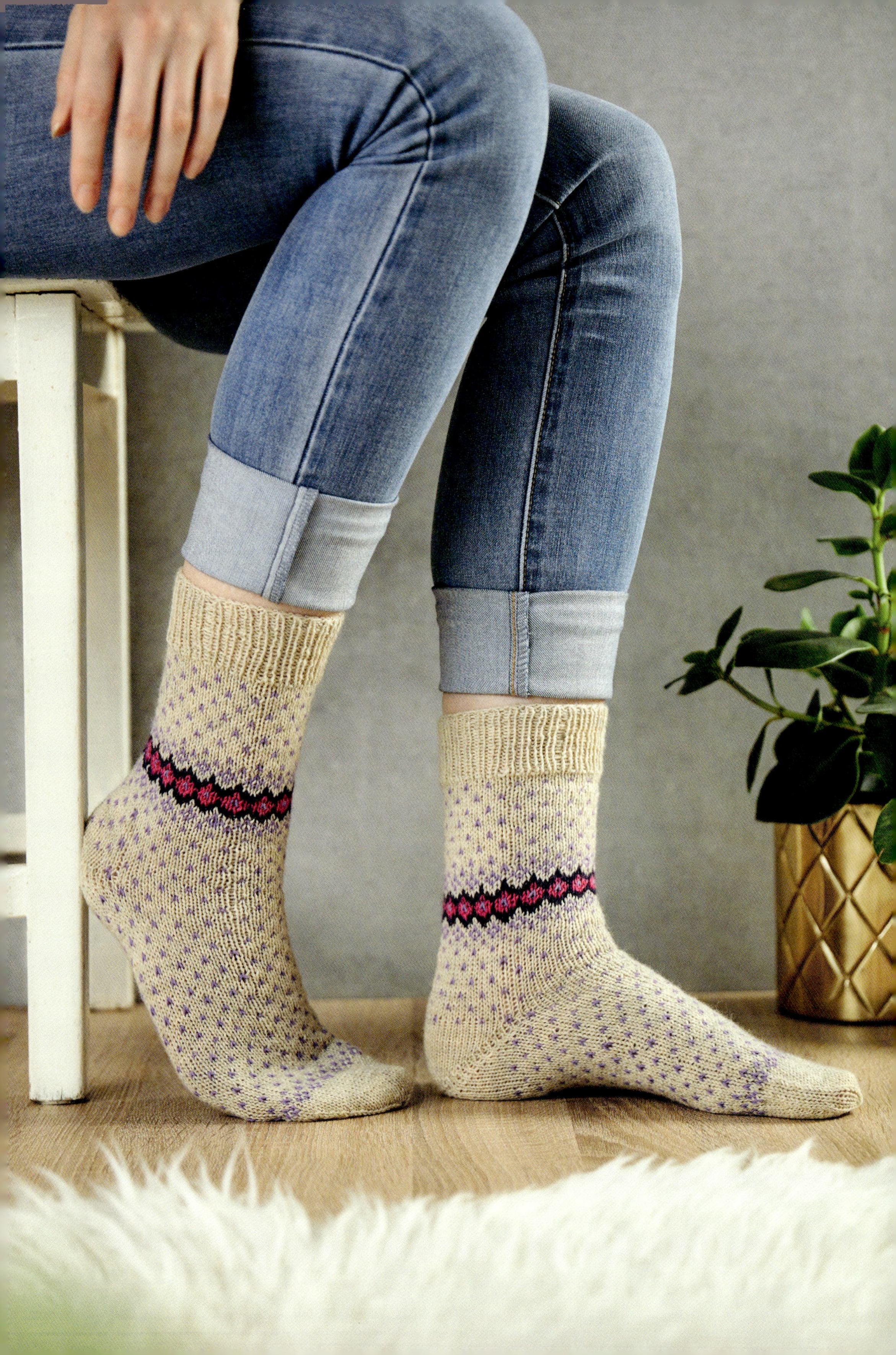

So wird's gemacht

64 Maschen in Sand meliert anschlagen, die Maschen gleichmäßig auf die 4 Nadeln verteilen – 16 Maschen pro Nadel. Für den Bund 5 cm im Rippenmuster stricken, dabei in der letzten Runde gleichmäßig verteilt 4 Maschen zunehmen = 68 Maschen. Dann in der Musterfolge stricken. Nach 56 Runden ab Bund die Ferse über die Maschen der 1. und 4. Nadel nach der Tabelle (> Seite 9) in Sand meliert stricken, dabei in der 1. Reihe über den 34 Fersenmaschen verteilt 2 Maschen abnehmen = 32 Fersenmaschen. Die mittleren 2 Runden in Sand meliert stricken. Danach den Fuß in der Musterfolge fortsetzen. 6 Runden vor der Bandspitze die 3.–8. Runde des Jacquardmusters B stricken. Dann die Bandspitze nach der entsprechenden Fußlänge in Sand meliert stricken. Restlichen Maschen mit dem Faden zusammenziehen.

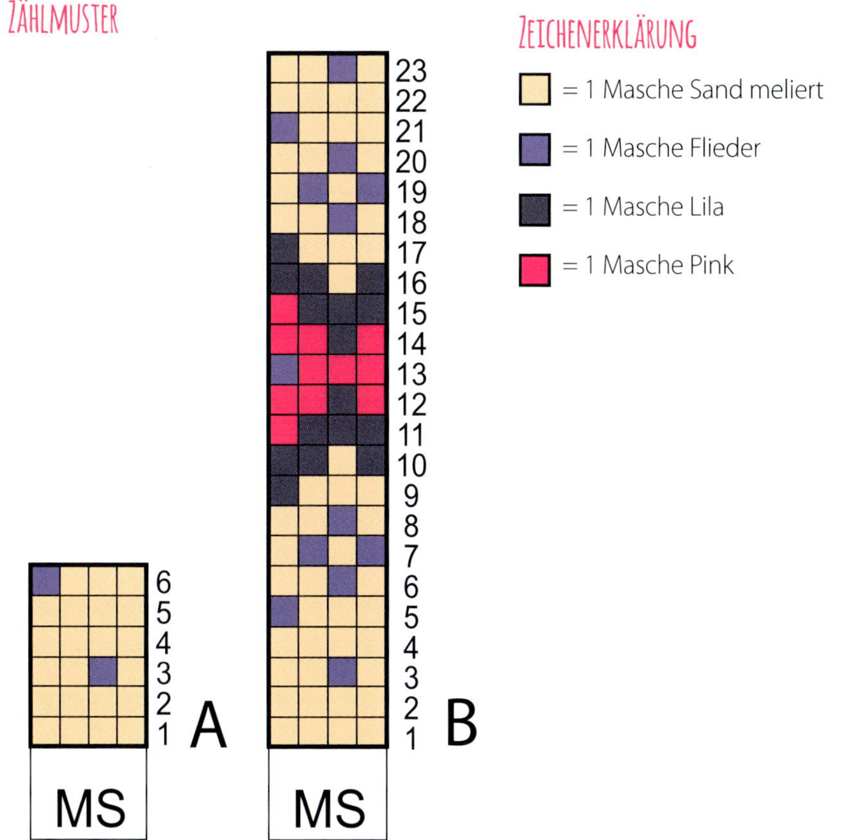

Klassisch gemustert

Socken mit Schwarz-Weiß-Muster

Größe: 36/37 und 38/39, jedoch alle Größen möglich

Material

- Buttinette »Woll Butt Söckli« (75 % Schurwolle, 25 % Polyamid, Lauflänge 210 m/50 g): je 100 g Natur (52.410.51) und Schwarz (52.410.50)
- Nadelspiel Nr. 2,5 – 3

Muster

Rippenmuster: 2 Maschen rechts, 2 Maschen links im Wechsel stricken.

Glatt rechts: Hinreihen rechts und Rückreihen links stricken; in Runden immer rechts stricken.

Jacquardmuster: Maschenzahl teilbar durch 6. Nach dem Zählmuster glatt rechts stricken. Es ist jede Runde gezeichnet. Den Mustersatz (MS) stets wiederholen. Die 1.–6. Runde stets wiederholen.

Maschenprobe

30 Maschen und 42 Reihen = 10 x 10 cm

So wird's gemacht

60 Maschen in Natur anschlagen, die Maschen gleichmäßig auf die 4 Nadeln verteilen – 15 Maschen pro Nadel. Für den Bund 5 cm im Rippenmuster stricken, dabei in der letzten Runde gleichmäßig verteilt 6 Maschen zunehmen = 66 Maschen. Dann im Jacquardmuster stricken. Nach 60 Runden ab Bund die Ferse über die Maschen der 1. und 4. Nadel nach der Tabelle in Natur stricken, dabei über den 33 Fersenmaschen gleichmäßig verteilt 3 Maschen abnehmen = 30 Fersenmaschen. Die mittleren 2 Runden in Natur stricken. Danach den Fuß im Jacquardmuster weiterarbeiten, dabei in der 1. Runde über den Fersenmaschen gleichmäßig verteilt wieder 3 Maschen zunehmen = 66 Maschen. Die Bandspitze nach der entsprechenden Fußlänge in Natur stricken, dabei in der 1. Runde gleichmäßig verteilt 6 Maschen abnehmen = 60 Maschen. Die restlichen Maschen mit dem Faden zusammenziehen.

Zählmuster

Zeichenerklärung

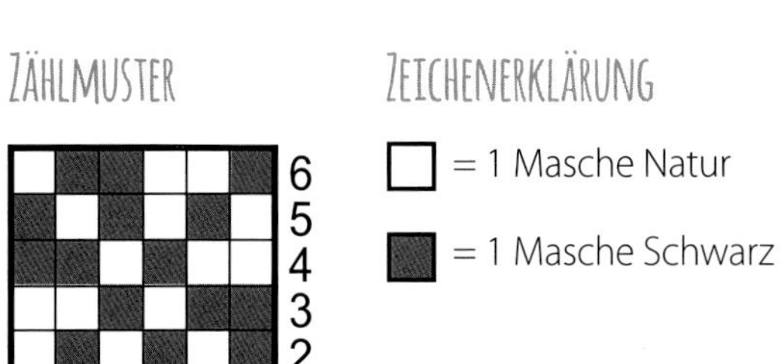

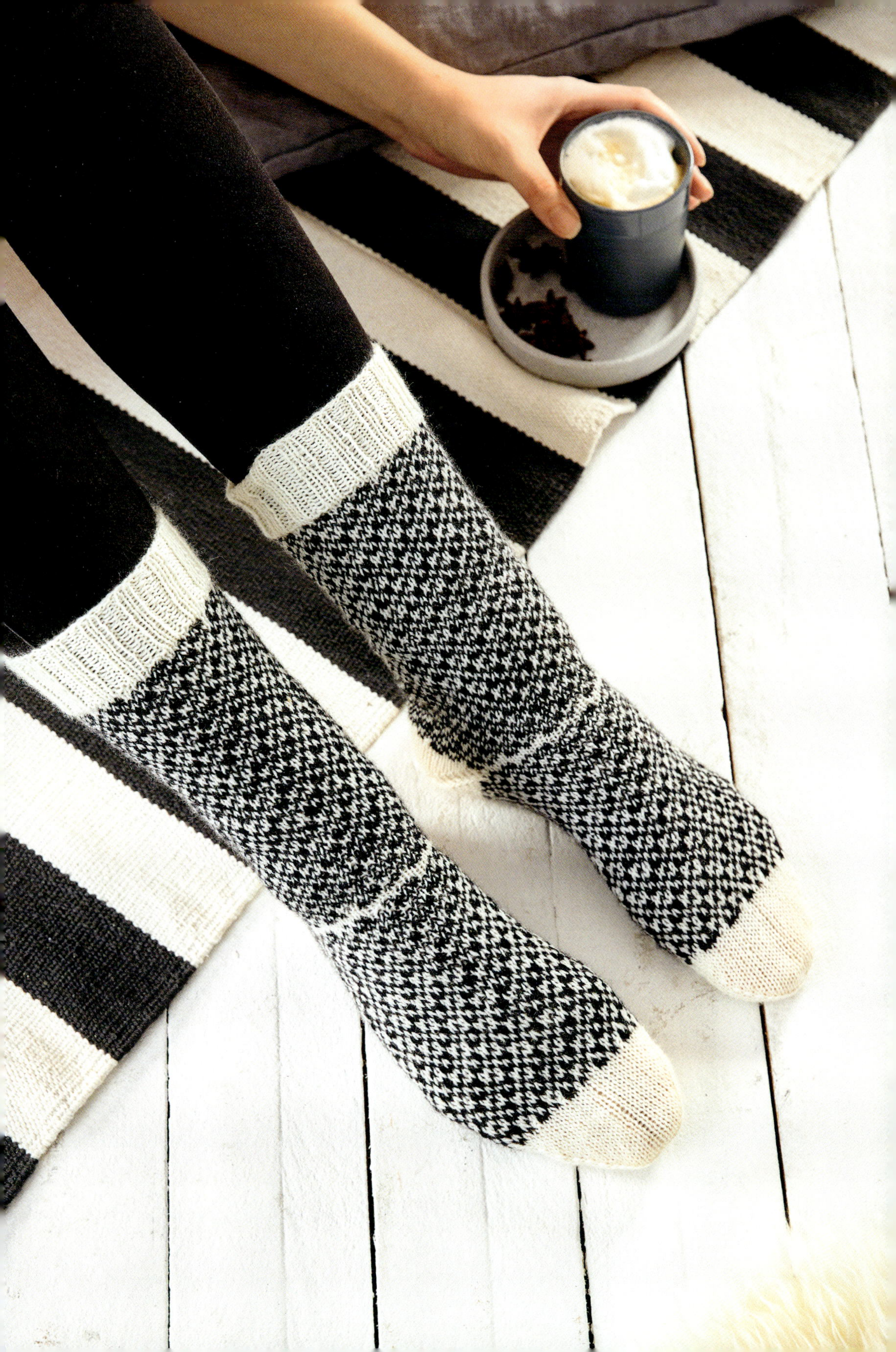

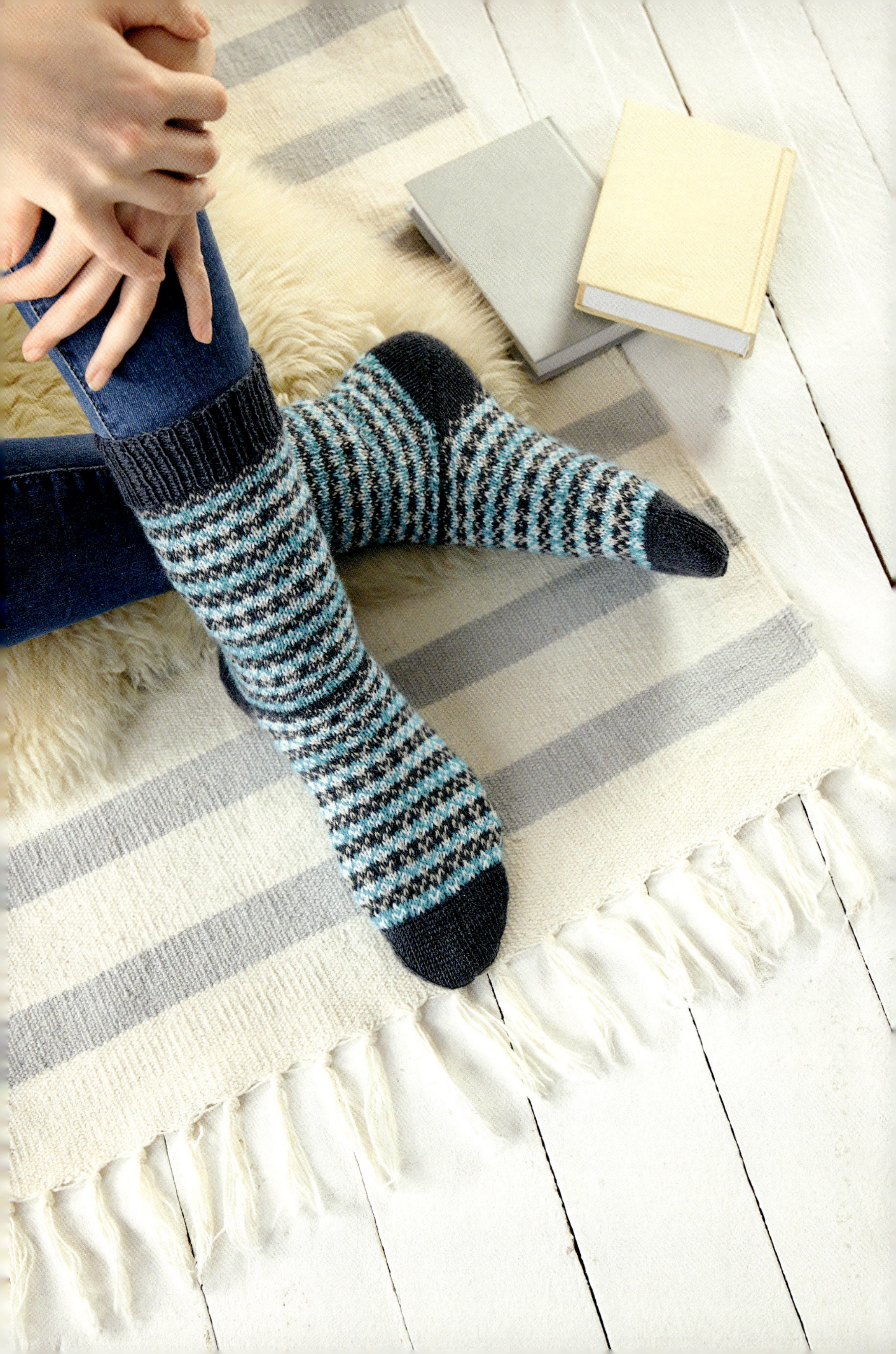

Meeresrauschen

Socken in Wasserfarben

Größe: 36/37 und 38/39, jedoch alle Größen möglich

Material

- Austermann »Step Classic« (75 % Schurwolle, 25 % Polyamid, Lauflänge 420 m/100 g): je 100 g Stein (1012), Hellgrau (1025), Weiß (1001) und Türkis (1018)
- Nadelspiel Nr. 2,5 – 3

Muster

Rippenmuster: Rippenmuster: 1 Masche rechts, 1 Masche links im Wechsel stricken.

Glatt rechts: Hinreihen rechts und Rückreihen links stricken; in Runden immer rechts stricken.

Jacquardmuster: Maschenzahl teilbar durch 4. Nach dem Zählmuster glatt rechts stricken. Es ist jede Runde gezeichnet. Den Mustersatz (MS) stets wiederholen. Die 1. – 18. Runde stets wiederholen.

Maschenprobe

30 Maschen und 42 Reihen = 10 x 10 cm

So wird's gemacht

60 Maschen in Stein anschlagen, die Maschen gleichmäßig auf die 4 Nadeln verteilen – 15 Maschen pro Nadel. Für den Bund 5 cm im Rippenmuster stricken, dabei in der letzten Runde gleichmäßig verteilt 4 Maschen zunehmen = 64 Maschen. Dann im Jacquardmuster stricken. Nach 60 Runden ab Bund die Ferse über die Maschen der 1. und 4. Nadel nach der Tabelle (> Seite 9) in Stein stricken, dabei über den 32 Fersenmaschen gleichmäßig verteilt 2 Maschen abnehmen = 30 Fersenmaschen. Die mittleren 2 Runden in Stein stricken. Danach den Fuß im Jacquardmuster fortsetzen, dabei in der 1. Runde über den Fersenmaschen gleichmäßig verteilt wieder 2 Maschen zunehmen = 64 Maschen. Die Bandspitze nach der entsprechenden Fußlänge in Stein stricken, dabei in der 1. Runde gleichmäßig verteilt 4 Maschen abnehmen = 60 Maschen. Die restlichen Maschen mit dem Faden zusammenziehen.

Zählmuster

Zeichenerklärung

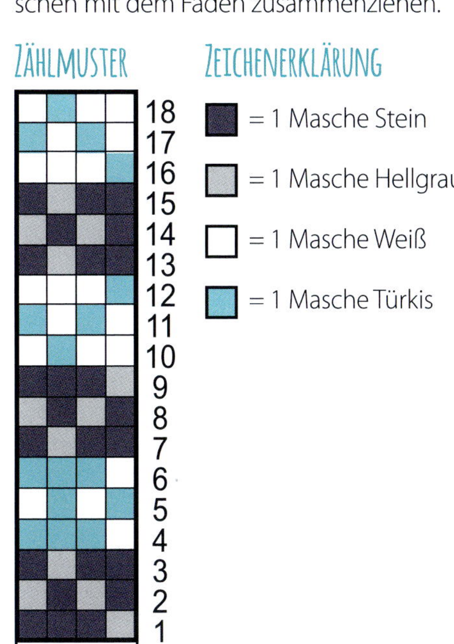

Businesstauglich

Socken mit unterbrochenen Rechtecken

Größe: 40/41 und 42/43, jedoch alle Größen möglich

Material

- Lang Yarns »Jawoll« (75 % Schurwolle, 25 % Polyamid, Lauflänge 210 m/50 g): 100 g Sand (83.0022) und je 50 g Mokka (83.0168), Jeans (83.0032), Rot (83.0275) und Senf (83.0150)
- Nadelspiel Nr. 2,5 – 3

Muster

Rippenmuster: 1 Masche rechts, 1 Masche links im Wechsel stricken.

Glatt rechts: Hinreihen rechts und Rückreihen links stricken; in Runden immer rechts stricken.

Jacquardmuster: Maschenzahl teilbar durch 4. Nach dem Zählmuster glatt rechts stricken. Es ist jede Runde gezeichnet. Den Mustersatz (MS) stets wiederholen. Die 1. – 30. Runde stets wiederholen.

Maschenprobe

30 Maschen und 42 Reihen = 10 x 10 cm

Zählmuster

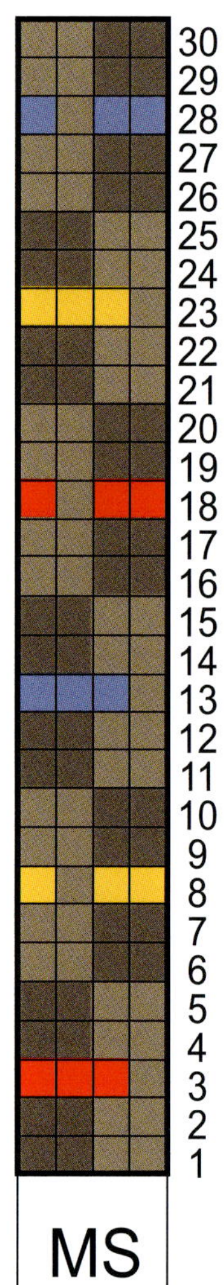

Zeichenerklärung

= 1 Masche Sand

= 1 Masche Mokka

= 1 Masche Rot

= 1 Masche Senf

= 1 Masche Jeans

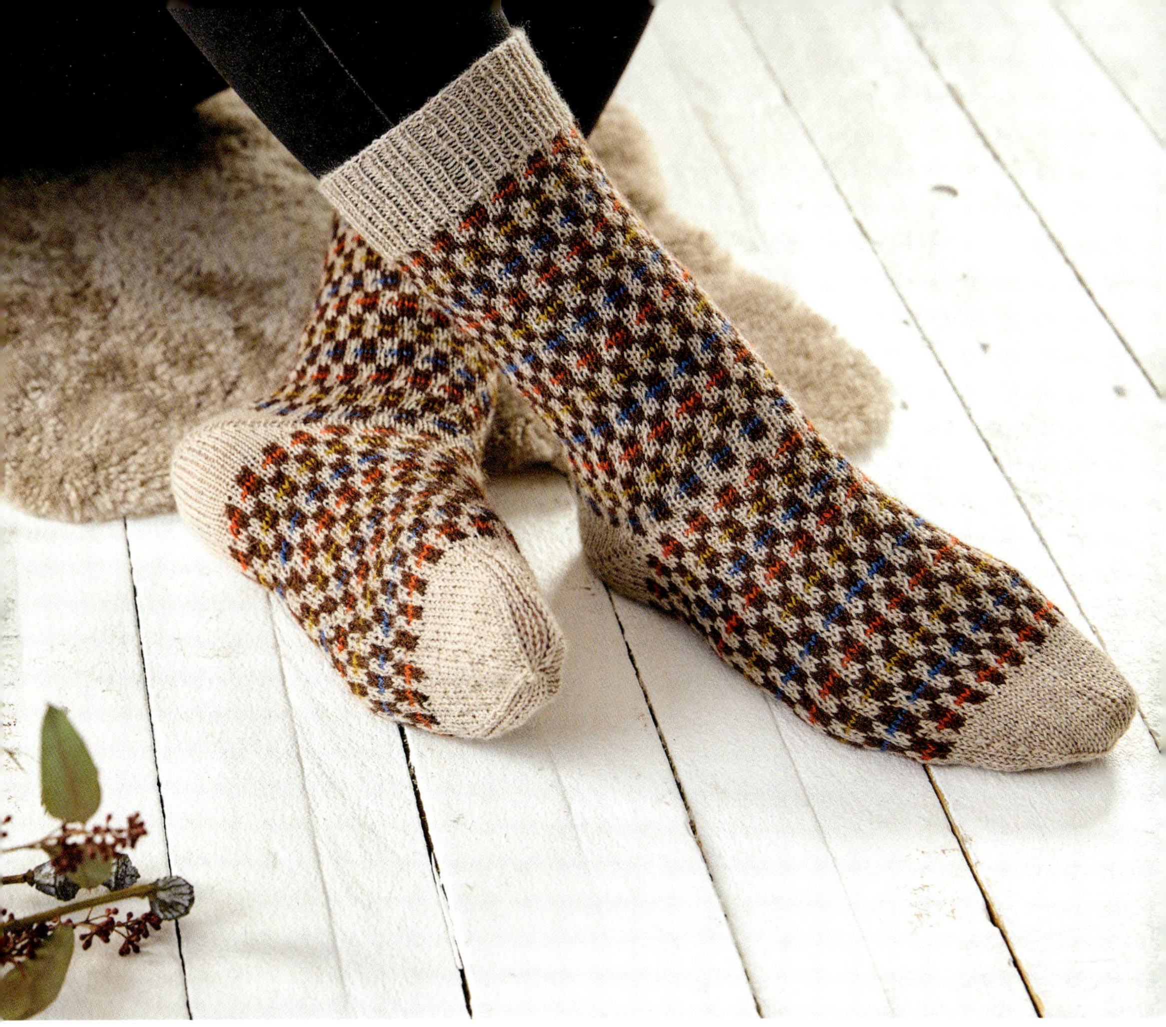

So wird's gemacht

64 Maschen in Sand anschlagen, die Maschen gleichmäßig auf die 4 Nadeln verteilen – 16 Maschen pro Nadel. Für den Bund 5 cm im Rippenmuster stricken, dabei in der letzten Runde gleichmäßig verteilt 4 Maschen zunehmen = 68 Maschen. Dann im Jacquardmuster stricken. Nach 60 Runden ab Bund die Ferse über die Maschen der 1. und 4. Nadel nach der Tabelle (> Seite 9) in Sand stricken, dabei über den 34 Fersenmaschen gleichmäßig verteilt 2 Maschen abnehmen = 32 Fersenmaschen. Die mittleren 2 Runden in Sand stricken. Danach den Fuß im Jacquardmuster fortsetzen, dabei in der 1. Runde über den Fersenmaschen gleichmäßig verteilt wieder 2 Maschen zunehmen = 68 Maschen. Die Bandspitze nach der entsprechenden Fußlänge in Sand stricken, dabei in der 1. Runde gleichmäßig verteilt 4 Maschen abnehmen = 64 Maschen. Die restlichen Maschen mit dem Faden zusammenziehen.

Urbane Gebäude

Socken mit schmalen und breiten Musterstreifen

Größe: 40/41 und 42/43, jedoch alle Größen möglich

Material

- Buttinette »Woll Butt Söckli« (75 % Schurwolle, 25 % Polyamid, Lauflänge 210 m/50 g): 100 g Avocado (52.129.68) und je 50 g Jägergrün (52.410.53) und Senf (52.129.66)
- Nadelspiel Nr. 2,5 – 3

Muster

Rippenmuster: 1 Masche rechts, 1 Masche links im Wechsel stricken.

Glatt rechts: Hinreihen rechts und Rückreihen links stricken; in Runden immer rechts stricken.

Jacquardmuster: Maschenzahl teilbar durch 4. Nach dem Zählmuster glatt rechts stricken. Es ist jede Runde gezeichnet. Den Mustersatz (MS) stets wiederholen. Die 1. – 12. Runde stets wiederholen.

Maschenprobe

30 Maschen und 42 Reihen = 10 x 10 cm

So wird's gemacht

64 Maschen in Avocado anschlagen, die Maschen gleichmäßig auf die 4 Nadeln verteilen – 16 Maschen pro Nadel. Für den Bund 5 cm im Rippenmuster stricken, dabei in der letzten Runde gleichmäßig verteilt 4 Maschen zunehmen = 68 Maschen. Dann im Jacquardmuster stricken. Nach 60 Runden ab Bund die Ferse über die Maschen der 1. und 4. Nadel nach der Tabelle (> Seite 9) in Avocado stricken, dabei über dem 34 Fersenmaschen gleichmäßig verteilt 2 Maschen abnehmen = 32 Fersenmaschen. Die mittleren 2 Runden in Avocado stricken. Danach den Fuß im Jacquardmuster fortsetzen, dabei in der 1. Runde über den Fersenmaschen gleichmäßig verteilt wieder 2 Maschen zunehmen = 68 Maschen. Die Bandspitze nach der entsprechenden Fußlänge in Avocado stricken, dabei in der 1. Runde gleichmäßig verteilt 4 Maschen abnehmen = 64 Maschen. Die restlichen Maschen mit dem Faden zusammenziehen.

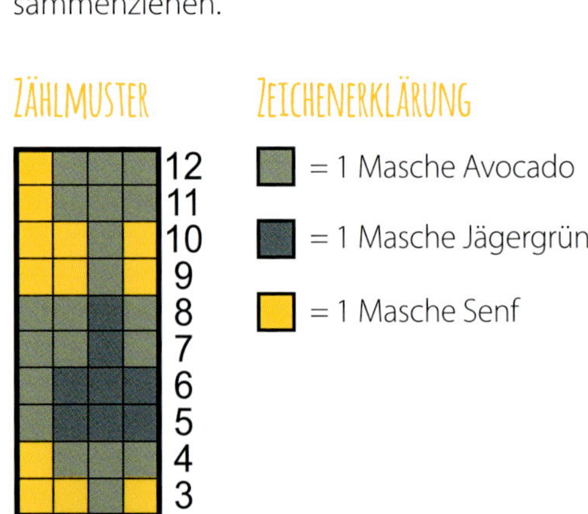

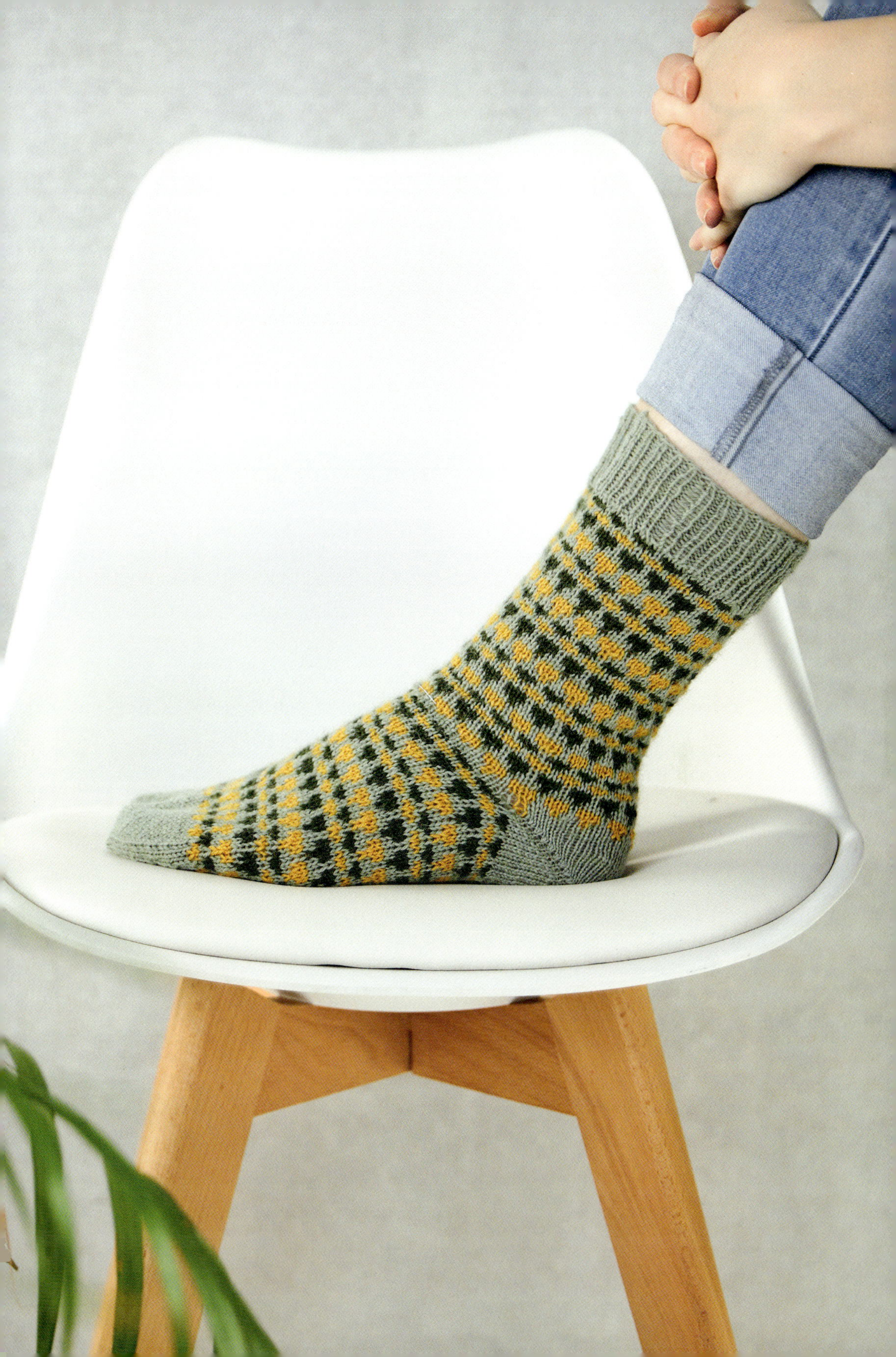

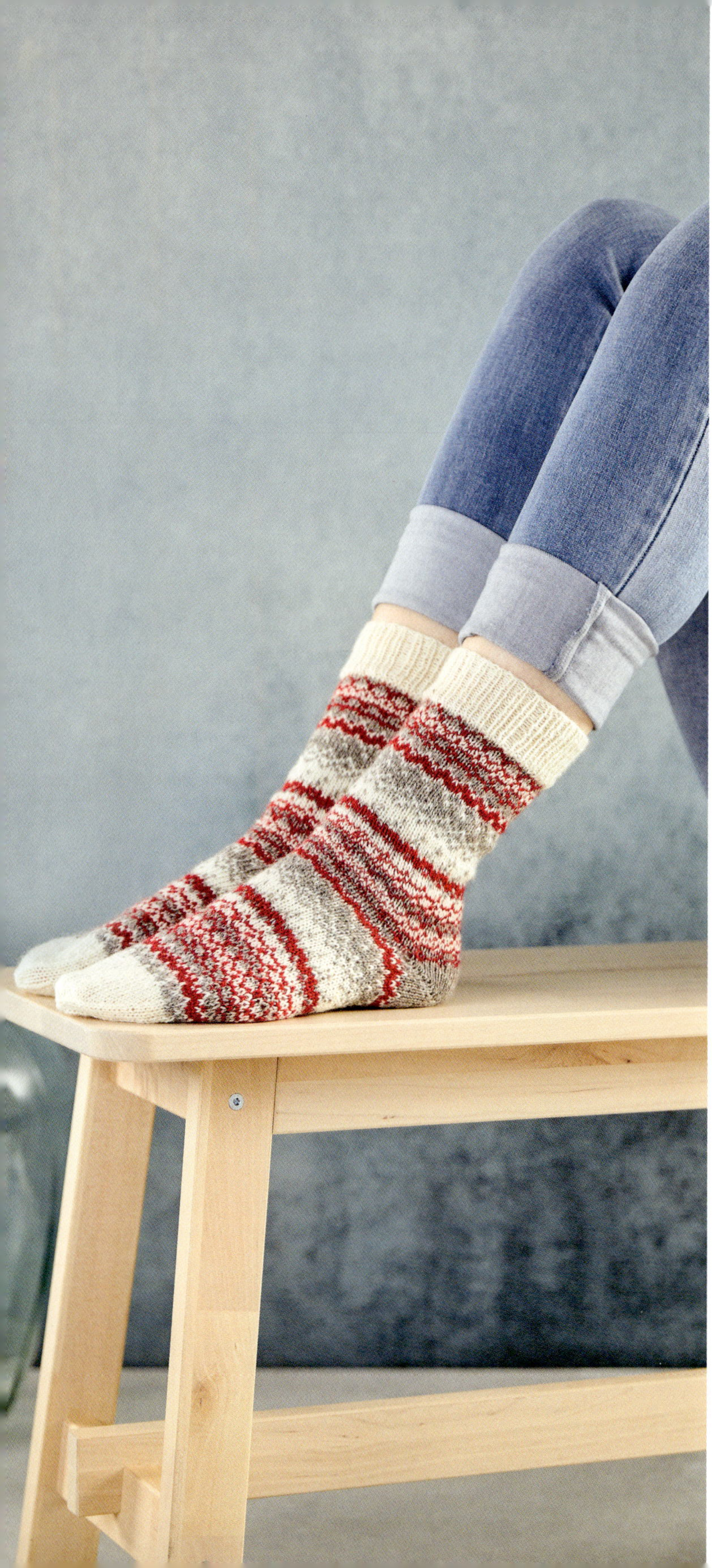

ZÄHLMUSTER

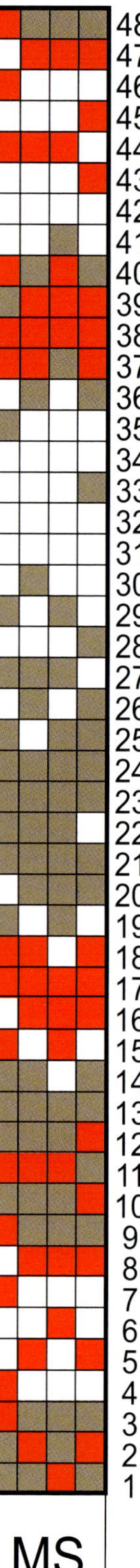
48
47
46
45
44
43
42
41
40
39
38
37
36
35
34
33
32
31
30
29
28
27
26
25
24
23
22
21
20
19
18
17
16
15
14
13
12
11
10
9
8
7
6
5
4
3
2
1
MS

Alpenrausch

Socken mit alpiner Musterung

Größe: 40/41 und 42/43, jedoch alle Größen möglich

Material

- Junghans Wolle »Freizeit 4-fädig« (75 % Schurwolle, 25 % Polyamid, Lauflänge 420 m/100 g): je 100 g Wollweiß (269-449-10), Weinrot (269-233-10) und Beige meliert (269-191-10)
- Nadelspiel Nr. 2,5 – 3

Muster

Rippenmuster: 1 Masche rechts, 1 Masche links im Wechsel stricken.

Glatt rechts: Hinreihen rechts und Rückreihen links stricken; in Runden immer rechts stricken.

Jacquardmuster: Maschenzahl teilbar durch 4. Nach dem Zählmuster glatt rechts stricken. Es ist jede Runde gezeichnet. Den Mustersatz (MS) stets wiederholen. Die 1. – 48. Runde stets wiederholen.

Maschenprobe

30 Maschen und 42 Reihen = 10 x 10 cm

So wird's gemacht

64 Maschen in Wollweiß anschlagen, die Maschen gleichmäßig auf die 4 Nadeln verteilen – 16 Maschen pro Nadel. Für den Bund 5 cm im Rippenmuster stricken, dabei in der letzten Runde verteilt 4 Maschen zunehmen = 68 Maschen. Dann im Jacquardmuster stricken. Nach 60 Runden ab Bund die Ferse über die Maschen der 1. und 4. Nadel nach der Tabelle (> Seite 9) in Beige meliert stricken, dabei über den 34 Fersenmaschen gleichmäßig verteilt 2 Maschen abnehmen = 32 Fersenmaschen. In der Fersenmitte nur 1 Runde statt 2 Runden in Beige meliert stricken. Danach den Fuß im Jacquardmuster fortsetzen, dabei in der 1.Runde über den Fersenmaschen gleichmäßig verteilt 2 Maschen zunehmen = 68 Maschen. Die Bandspitze nach der entsprechenden Fußlänge in Wollweiß stricken, dabei in der 1. Runde gleichmäßig verteilt 4 Maschen abnehmen = 64 Maschen. Die restlichen Maschen mit dem Faden zusammenziehen.

Zeichenerklärung

- ☐ = 1 Masche Wollweiß
- ■ = 1 Masche Beige meliert
- ■ = 1 Masche Weinrot

Farbwechsel im Garn

Socken mit Kreisen und Pfeilen

Größe: 32/33, 34/35, 40/41, 42/43 und 46/47

Material

- Junghans Wolle »Freizeit 4-fädig« (75 % Schurwolle, 25 % Polyamid, Lauflänge 420 m/100 g): je 100 g Marsalagrün (115-483-10) und Marine (269-050-10)
- Nadelspiel Nr. 2,5 – 3

Muster

Rippenmuster: 2 Maschen rechts, 2 Maschen links im Wechsel stricken.

Glatt rechts: Hinreihen rechts und Rückreihen links stricken; in Runden immer rechts stricken.

Jacquardmuster: Maschenzahl teilbar durch 8. Nach dem Zählmuster glatt rechts stricken. Es ist jede Runde gezeichnet. Den Mustersatz (MS) stets wiederholen. Die 1. – 30. Runde stets wiederholen.

Maschenprobe

30 Maschen und 42 Reihen = 10 x 10 cm

So wird's gemacht

56 (56/64/64/72) Maschen in Marsalagrün anschlagen, die Maschen gleichmäßig auf die 4 Nadeln verteilen – 14 (14/16/16/18) Maschen pro Nadel. Für den Bund 5 cm im Rippenmuster stricken, dabei in der letzten Runde gleichmäßig verteilt 8 Maschen zu-

Zählmuster

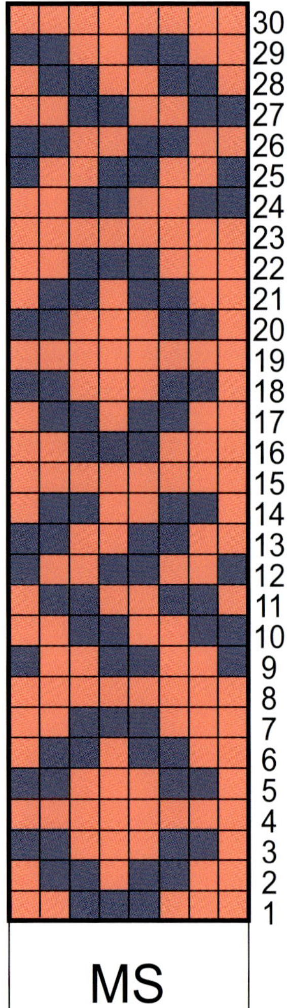

Zeichenerklärung

= 1 Masche Marsalagrün

= 1 Masche Marine

nehmen = 64 (64/72/72/80) Maschen. Dann im Jacquardmuster stricken. Nach 59 Runden ab Bund die Ferse über die Maschen der 1. und 4. Nadel nach der Tabelle (> Seite 9) in Marsalagrün stricken, dabei über den 32 (32/36/36/40) Fersenmaschen gleichmäßig verteilt 4 Maschen abnehmen = 28(28/32/32/36) Fersenmaschen. Statt den mittleren 2 Runden nur 1 Runde in Marsalagrün stricken. Danach den Fuß im Jacquardmuster fortsetzen, dabei in der 1. Runde über den Fersenmaschen gleichmäßig verteilt wieder 4 Maschen zunehmen = 64 (64/72/72/80) Maschen. Die Bandspitze nach der entsprechenden Fußlänge in Marsalagrün stricken, dabei in der 1. Runde gleichmäßig verteilt 8 Maschen abnehmen = 56 (56/64/64/72) Maschen. Die restlichen Maschen mit dem Faden zusammenziehen.

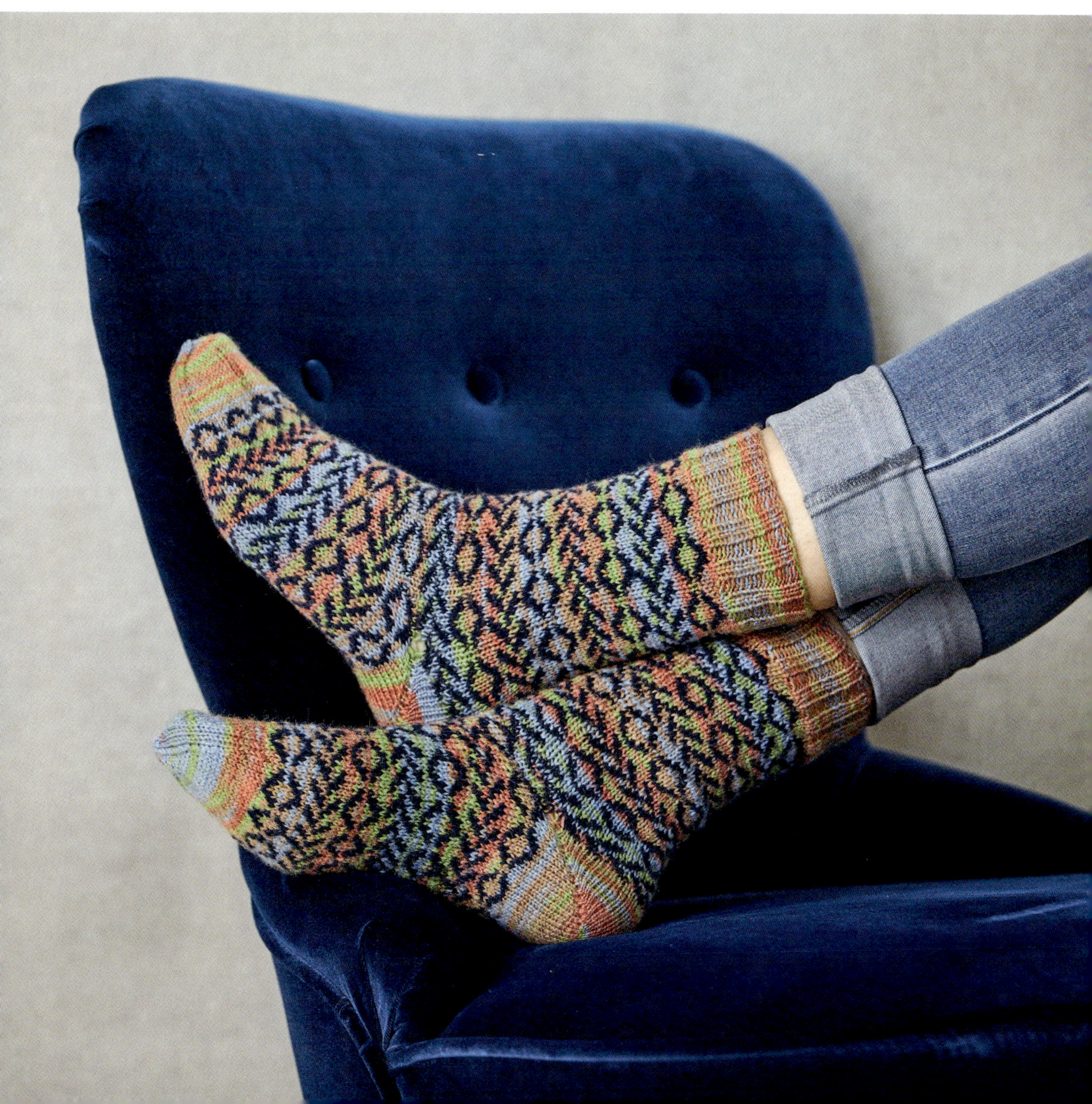

Musterband

Socken mit Bordüre über den Knöcheln

Größe: 40/41 und 42/43, jedoch alle Größen möglich

Material

- Buttinette »Woll Butt Söckli« (75 % Schurwolle, 25 % Polyamid, Lauflänge 210 m/50 g): 100 g Anthrazit (52.410.62) und je 50 g Natur (52.410.51), Royal (52.230.67) und Oliv (52.129.67)
- Nadelspiel 2,5 – 3

Muster

Rippenmuster: 2 Maschen rechts, 2 Maschen links im Wechsel stricken.

Glatt rechts: Hinreihen rechts und Rückreihen links stricken; in Runden immer rechts stricken.

Jacquardmuster: Maschenzahl teilbar durch 4. Nach dem Zählmuster glatt rechts stricken. Es ist jede Runde gezeichnet. Den Mustersatz (MS) stets wiederholen. 1x die 1.–28. Runde arbeiten.

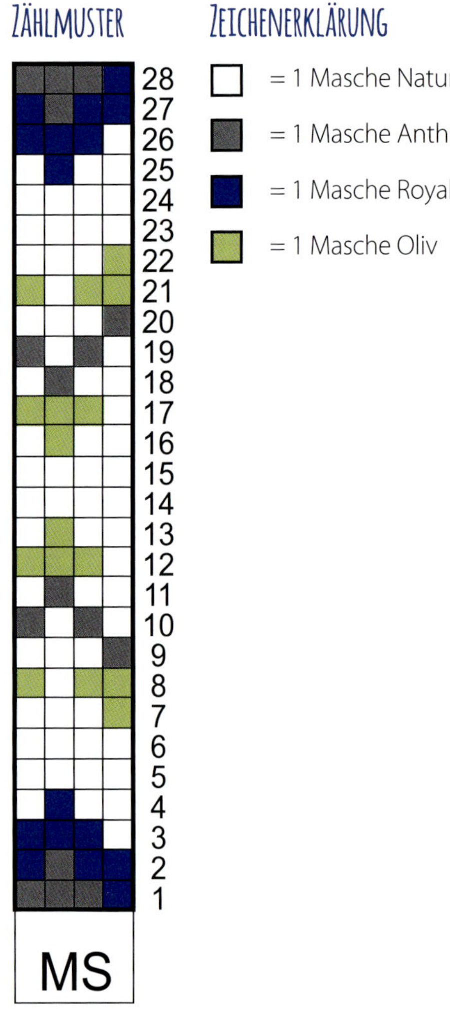

Maschenprobe

30 Maschen und 42 Reihen = 10 x 10 cm

So wird's gemacht

64 Maschen in Anthrazit anschlagen, die Maschen gleichmäßig auf die 4 Nadeln verteilen – 16 Maschen pro Nadel. Für den Bund 5 cm im Rippenmuster stricken. Dann glatt rechts stricken. In der 47. Runde ab

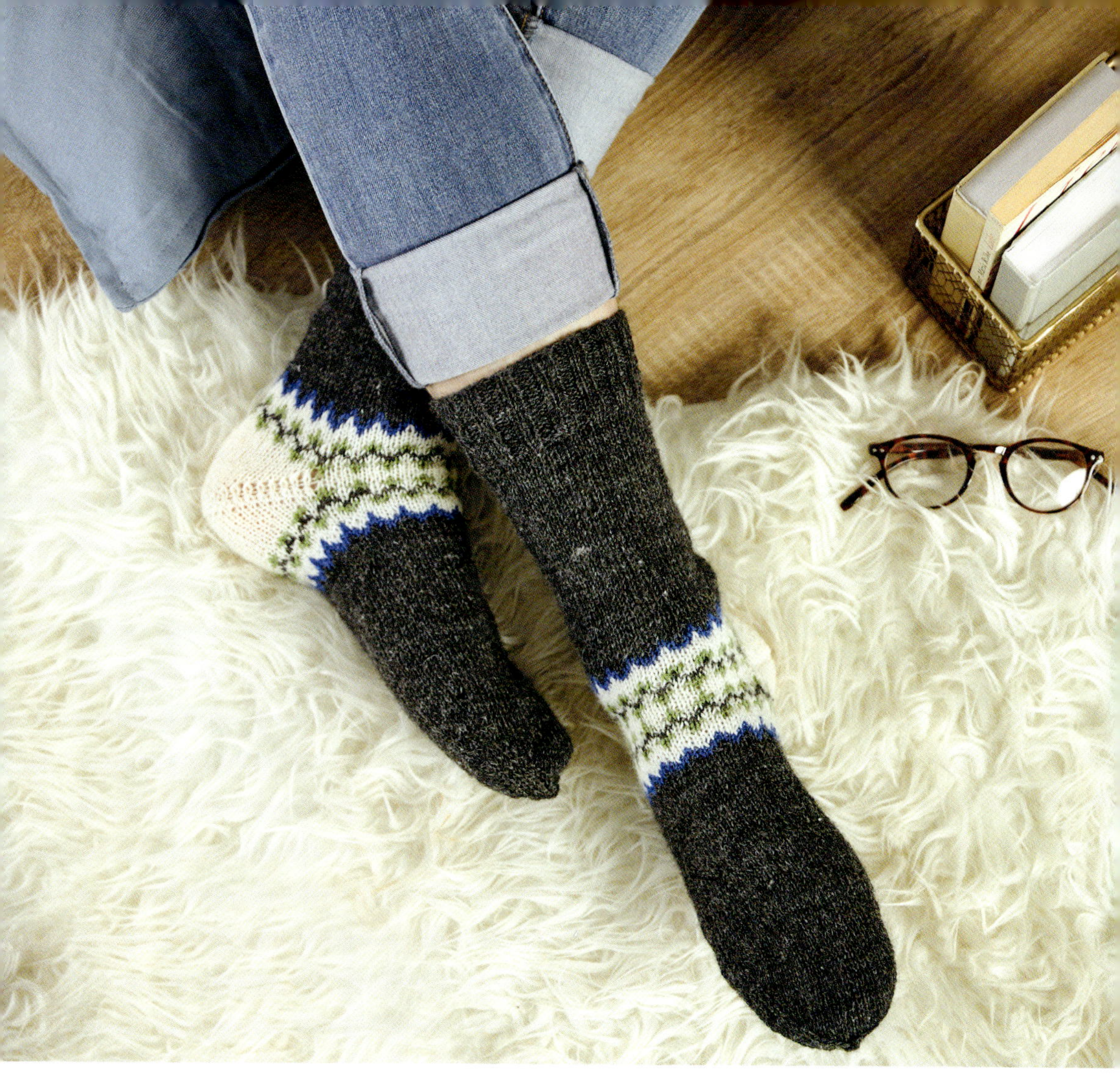

Bund gleichmäßig verteilt 4 Maschen zunehmen = 68 Maschen. Danach im Jacquardmuster stricken. Nach 60 Runden ab Bund bzw. nach 13 Runden im Jacquardmuster die Ferse über die Maschen der 1. und 4. Nadel nach der Tabelle (> Seite 9) in Natur stricken, dabei über den 34 Fersenmaschen gleichmäßig verteilt 2 Maschen abnehmen = 32 Fersenmaschen. Die mittleren 2 Runden in Natur stricken – entspricht der 14. und 15. Runde des Jacquardmusters.

Danach den Fuß im Jacquardmuster fortsetzen, dabei in der 1. Runde über den Fersenmaschen gleichmäßig verteilt wieder 2 Maschen zunehmen = 68 Maschen. Nach dem Jacquardmuster in Anthrazit stricken, dabei in der 1. Runde gleichmäßig verteilt 4 Maschen abnehmen = 64 Maschen. Dann die Bandspitze nach der entsprechenden Fußlänge stricken. Die restlichen Maschen mit dem Faden zusammenziehen.

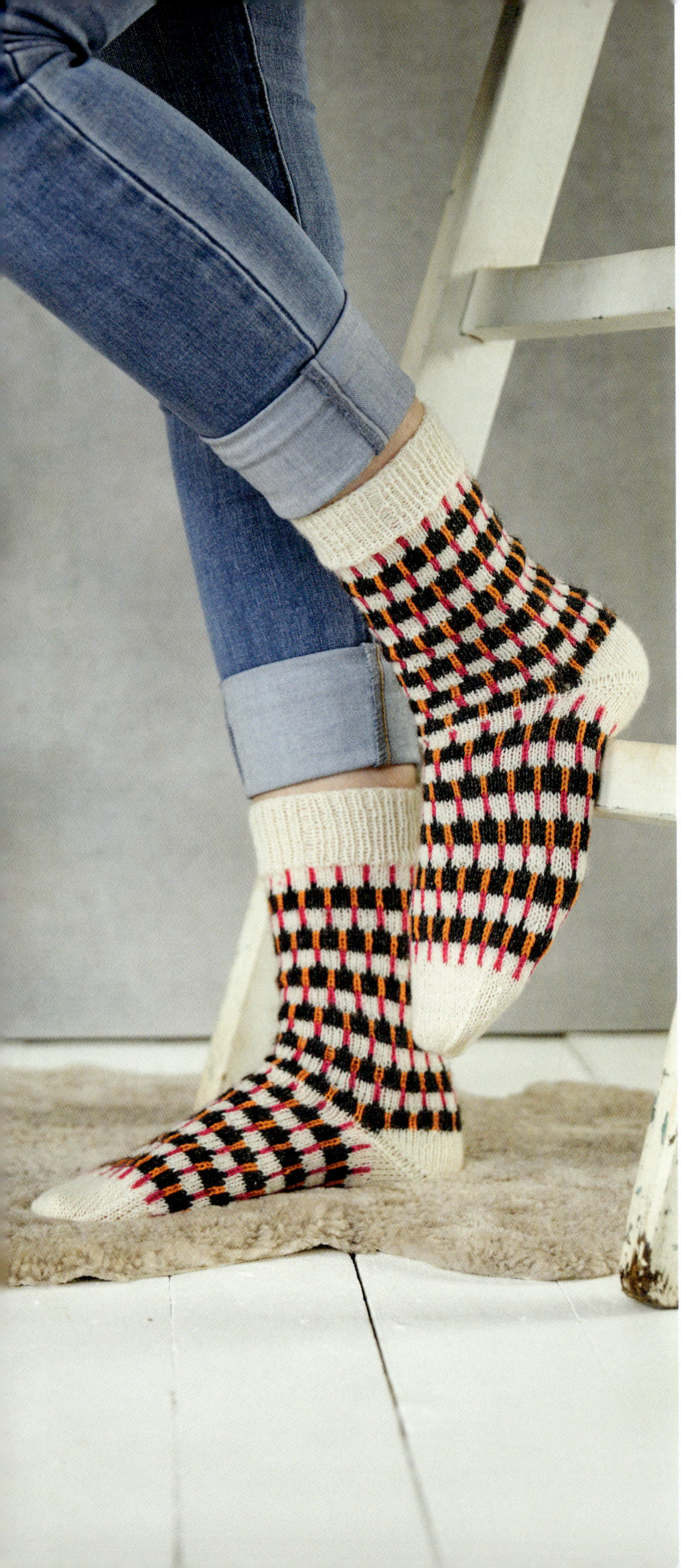

Zählmuster

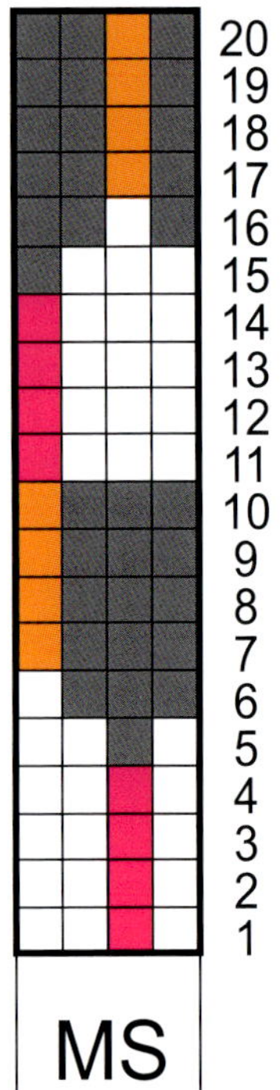

Zeichenerklärung

- = 1 Masche Natur
- = 1 Masche Pink
- = 1 Masche Mandarine
- = 1 Masche Anthrazit meliert

Markant gestreift

Quergestreifte Socken mit dünnen Längsstreifen

Größe: 40/41 und 42/43, jedoch alle Größen möglich

Material

- Buttinette »Woll Butt Söckli« (75 % Schurwolle, 25 % Polyamid, Lauflänge 210 m/50 g): 100 g Natur (52.410.51) und je 50 g Mandarine (52.253.49), Pink (52.253.48) und Anthrazit meliert (52.410.62)
- Nadelspiel Nr. 2,5 – 3

Muster

Rippenmuster: 1 Masche rechts, 1 Masche links im Wechsel stricken.

Glatt rechts: Hinreihen rechts und Rückreihen links stricken; in Runden immer rechts stricken.

Jacquardmuster: Maschenzahl teilbar durch 4. Nach dem Zählmuster glatt rechts stricken. Es ist jede Runde gezeichnet. Den Mustersatz (MS) stets wiederholen. Die 1. – 20. Runde stets wiederholen.

Maschenprobe

30 Maschen und 42 Reihen = 10 x 10 cm

So wird's gemacht

64 Maschen in Natur anschlagen, die Maschen gleichmäßig auf die 4 Nadeln verteilen – 16 Maschen pro Nadel und für den Bund 5 cm im Rippenmuster stricken, dabei in der letzten Runde gleichmäßig verteilt 4 Maschen zunehmen = 68 Maschen. Dann im Jacquardmuster stricken. Nach 60 Runden ab Bund die Ferse über die Maschen der 1. und 4. Nadel nach der Tabelle (> Seite 9) in Natur stricken, dabei über dem 34 Fersenmaschen gleichmäßig verteilt 2 Maschen abnehmen = 32 Fersenmaschen. Die mittleren 2 Runden in Natur stricken. Danach den Fuß im Jacquardmuster fortsetzen, dabei in der 1. Runde über den Fersenmaschen gleichmäßig verteilt 2 Maschen zunehmen = 68 Maschen. Die Bandspitze nach der entsprechenden Fußlänge in Natur stricken, dabei in der 1. Runde gleichmäßig verteilt 4 Maschen abnehmen = 64 Maschen. Die restlichen Maschen mit dem Faden zusammenziehen.

Fersenkick

Socken mit Muster in optischer Täuschung

Größe: 36/37 und 38/39, jedoch alle Größen möglich

Material

- Austermann »Step Classic« (75 % Schurwolle, 25 % Polyamid, Lauflänge 420 m/100 g): je 100 g Natur (1000) und Grün (1019)
- Nadelspiel Nr. 2,5 – 3

Muster

Rippenmuster: 1 Masche rechts, 1 Masche links im Wechsel stricken.

Glatt rechts: Hinreihen rechts und Rückreihen links stricken; in Runden immer rechts stricken.

Jacquardmuster: Maschenzahl teilbar durch 6. Nach dem Zählmuster glatt rechts stricken. Es ist jede Runde gezeichnet. Den Mustersatz (MS) stets wiederholen. Die 1. – 12. Runde stets wiederholen.

Streifenfolge: 2 Reihen Natur, 2 Reihen Grün im Wechsel stricken.

Maschenprobe

30 Maschen und 42 Reihen = 10 x 10 cm

So wird's gemacht

60 Maschen in Natur anschlagen, die Maschen gleichmäßig auf die 4 Nadeln verteilen – 15 Maschen pro Nadel. Für den Bund 5 cm im Rippenmuster stricken, dabei in der letzten Runde gleichmäßig verteilt 6 Maschen zunehmen = 66 Maschen. Dann im Jacquardmuster stricken. Nach 60 Runden ab Bund die Ferse über die Maschen der 1. und 4. Nadel nach der Tabelle (> Seite 9) in der Streifenfolge stricken, dabei über dem 33 Fersenmaschen verteilt 3 Maschen abnehmen = 30 Fersenmaschen. Danach den Fuß im Jacquardmuster fortsetzen, dabei in der 1. Runde über den Fersenmaschen gleichmäßig verteilt wieder 3 Maschen zunehmen = 66 Maschen. Die Bandspitze nach der entsprechenden Fußlänge in Natur stricken, dabei in der 1. Runde verteilt 6 Maschen abnehmen = 60 Maschen. Die restlichen Maschen mit dem Faden zusammenziehen.

Zählmuster

Zeichenerklärung

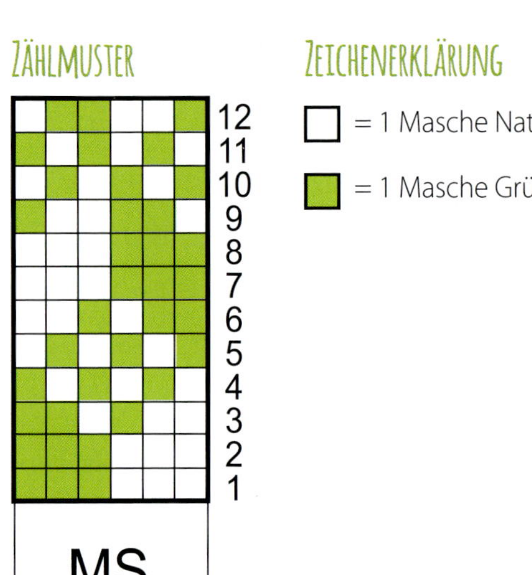

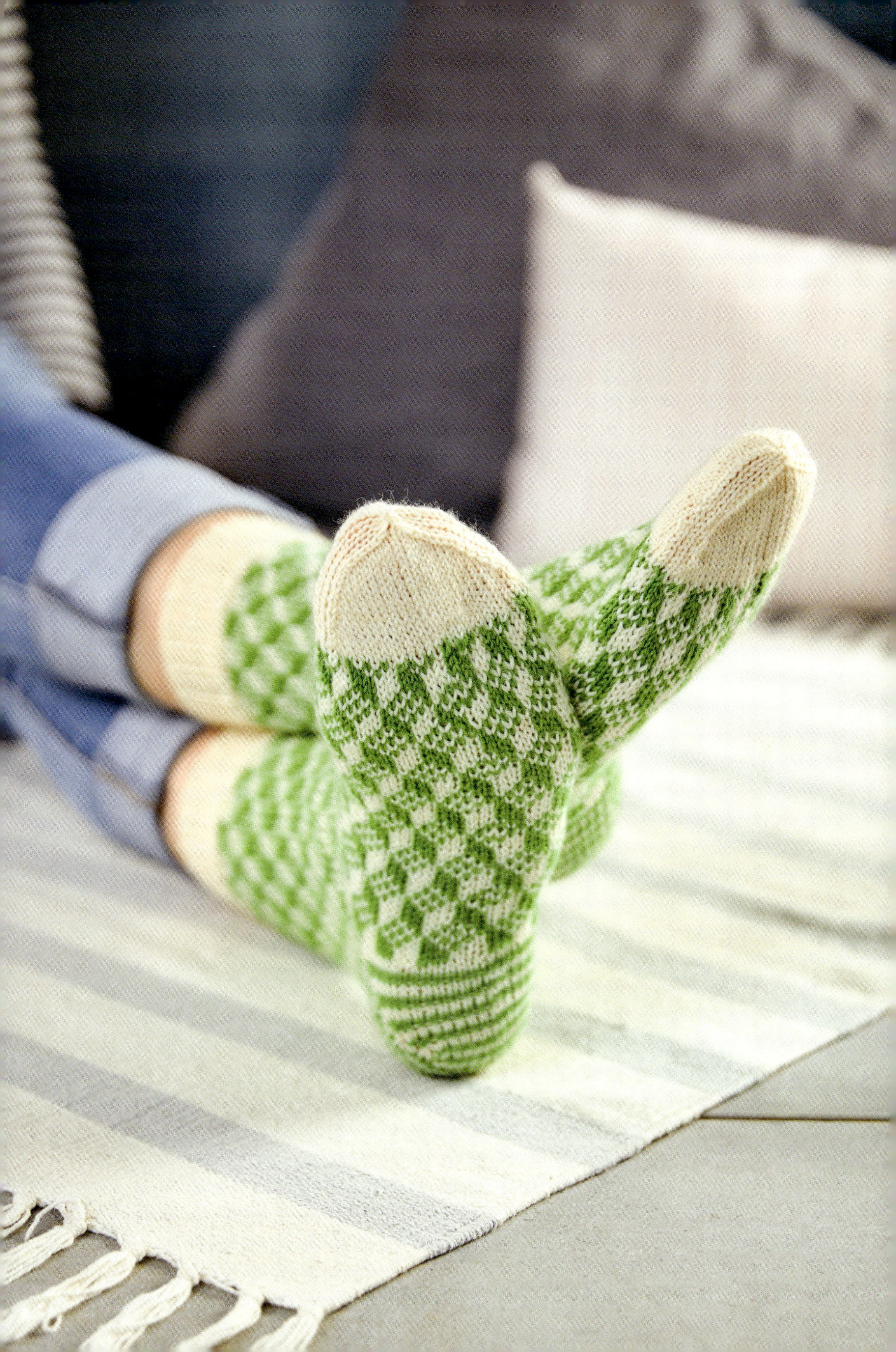

Bandsalat

Socken mit Flechtmusterung

Größe: 32/33, 34/35, 40/41, 42/43 und 46/47

Material

- Buttinette »Woll Butt Söckli« (75 % Schurwolle, 25 % Polyamid, Lauflänge 210 m/50 g): 100 g Schwarz (52.410.50) und 50 g Weiß (52.240.35)
- Nadelspiel Nr. 2,5 – 3

Muster

Rippenmuster: 2 Maschen rechts, 2 Maschen links im Wechsel stricken.

Glatt rechts: Hinreihen rechts und Rückreihen links stricken; in Runden immer rechts stricken.

Jacquardmuster: Maschenzahl teilbar durch 8. Nach dem Zählmuster glatt rechts stricken. Es ist jede Runde gezeichnet. Den Mustersatz (MS) stets wiederholen. Die 1. – 16. Runde stets wiederholen.

Maschenprobe

30 Maschen und 42 Reihen = 10 x 10 cm

Zählmuster

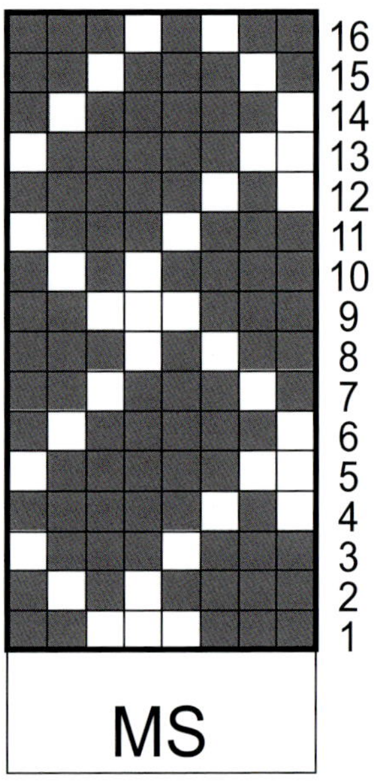

Zeichenerklärung

■ = 1 Masche Schwarz

□ = 1 Masche Weiß

So wird's gemacht

56 (56/64/64/72) Maschen in Weiß anschlagen, die Maschen gleichmäßig auf die 4 Nadeln verteilen – 14 (14/16/16/18) Maschen pro Nadel. Für den Bund 5 cm im Rippenmuster stricken, dabei ab der 2. Runde in Schwarz weiterarbeiten und in der letzten

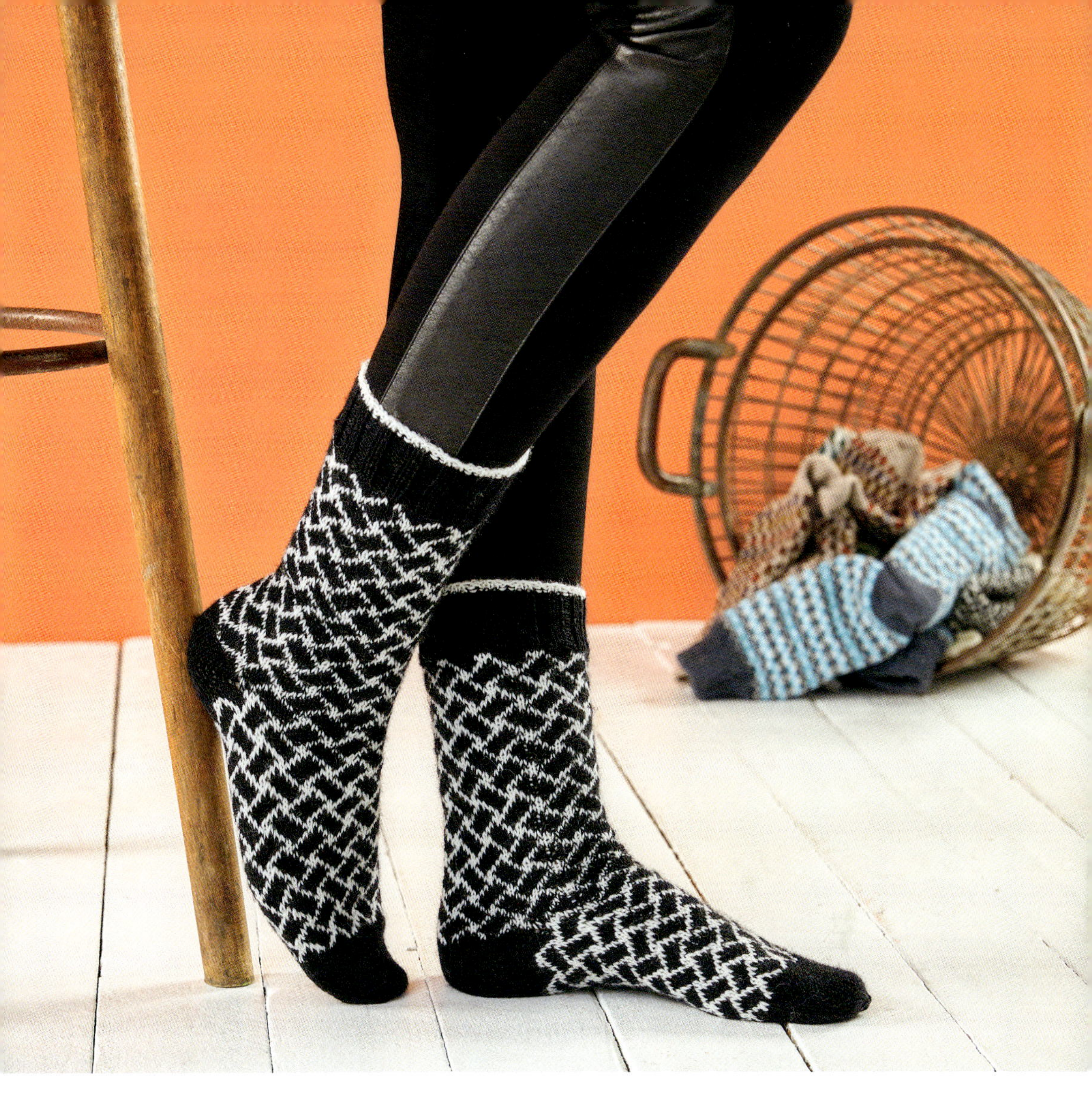

Runde gleichmäßig verteilt 8 Maschen zunehmen = 64 (64/72/72/80) Maschen. Dann im Jacquardmuster stricken. Nach 64 Runden ab Bund die Ferse über die Maschen der 1. und 4. Nadel nach der Tabelle (> Seite 9) in Schwarz stricken, dabei über dem 32 (32/36/36/40) Fersenmaschen gleichmäßig verteilt 4 Maschen abnehmen = 28 (28/32/32/36) Fersenmaschen. Statt den mittleren 2 Runden nur 1 Runde in Schwarz stricken. Danach den Fuß im Jacquardmuster weiterarbeiten, dabei in der 1. Runde über den Fersenmaschen gleichmäßig verteilt wieder 4 Maschen zunehmen 64 (64/72/72/80) Maschen. Die Bandspitze nach der entsprechenden Fußlänge in Schwarz stricken, dabei in der 1. Runde gleichmäßig verteilt 8 Maschen abnehmen = 56 (56/64/64/72) Maschen. Die restlichen Maschen mit dem Faden zusammenziehen.

Grundkurs Stricken

Maschenanschlag

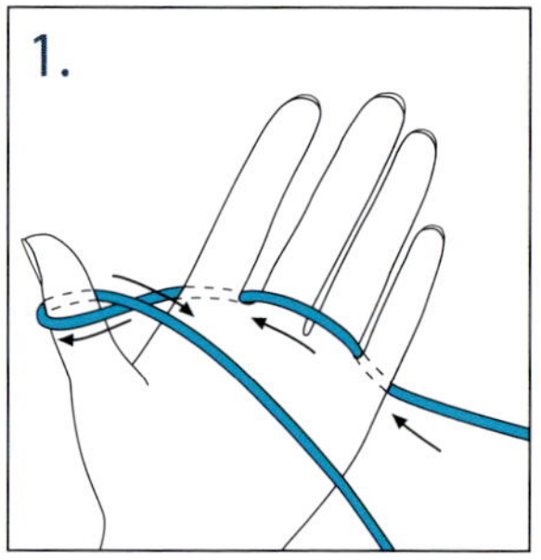

Den Faden großzügig vom Knäuel abwickeln: etwa 1 cm pro Masche plus 10 cm. An der so abgemessenen Stelle den Faden fassen und um die linke Hand legen. Der Faden des Knäuels kommt vom kleinen Finger her, das abgemessene Fadenende verläuft vom Daumen in die Hand.

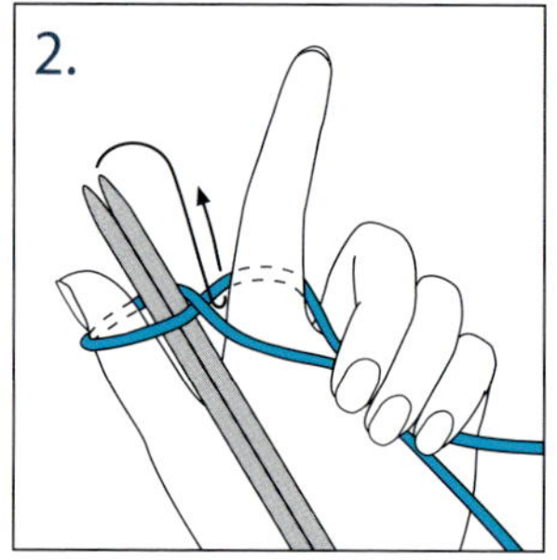

Mit 2 Nadeln von unten nach oben in die Daumenschlinge schieben, dann den Faden, der vom Zeigefinger kommt, fassen.

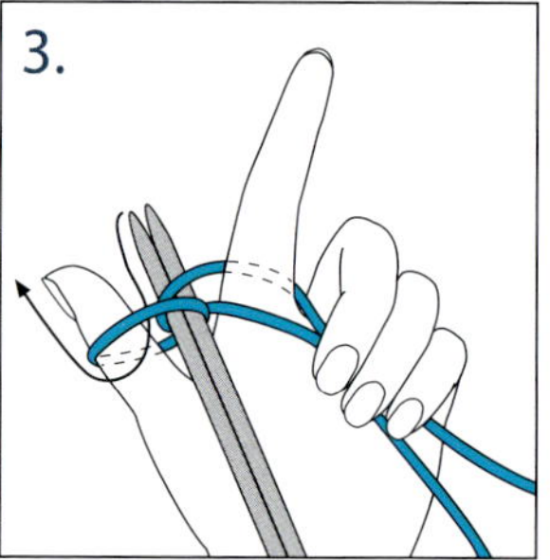

Dann mit den Nadeln den Faden der Zeigefingerschlinge erfassen und durch die Daumenschlinge holen.

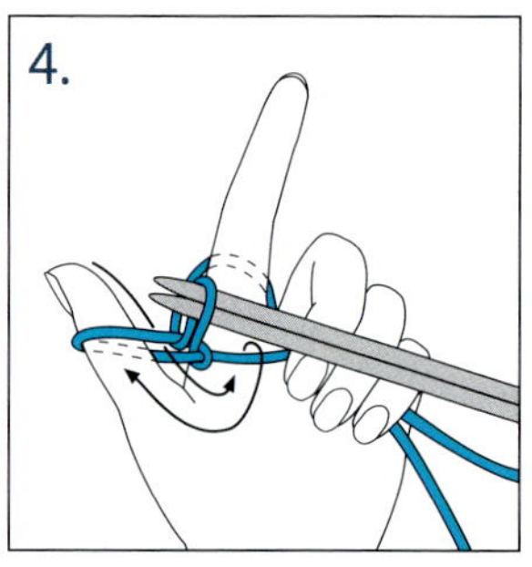

Den Daumen aus der Schlinge ziehen, unter den vorderen Faden schieben und den Faden – durch Strecken des Daumens in die Ausgangsposition – festziehen. Jetzt liegt die erste Masche auf den Nadeln.

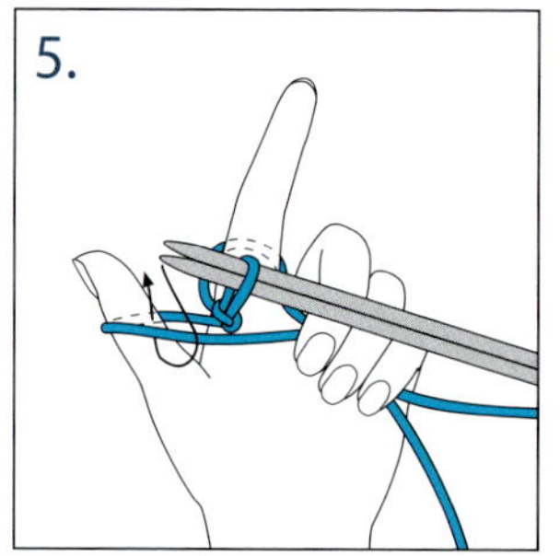

Mit dem Daumen die Schlinge festziehen. Dann erneut von unten nach oben in die Daumenschlinge einstechen.

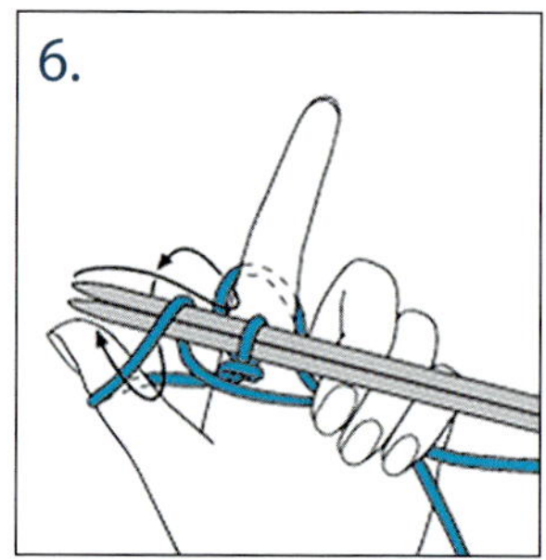

Mit den Nadeln wieder den Faden des Zeigefingers fassen und ihn durch die Daumenschlinge ziehen.

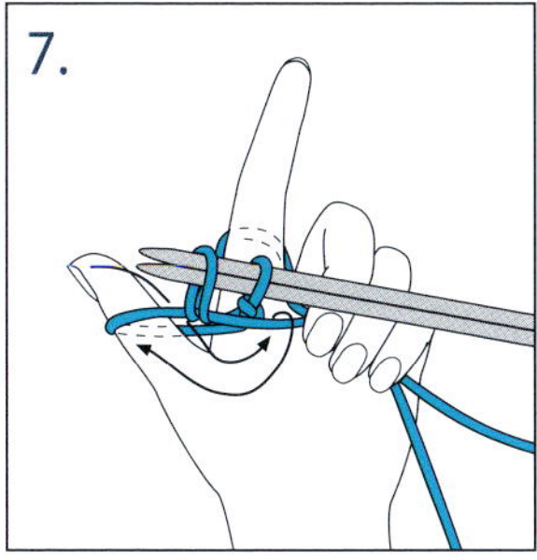

Den Daumen erneut aus der Schlinge ziehen, ihn unter den vorderen Faden schieben und mit dem Daumen die Schlinge festziehen. Jetzt liegt die zweite Masche auf den Nadeln. Alle weiteren Maschen genauso arbeiten, die drei Schritte also so lange wiederholen, bis die gewünschte Maschenzahl erreicht ist.

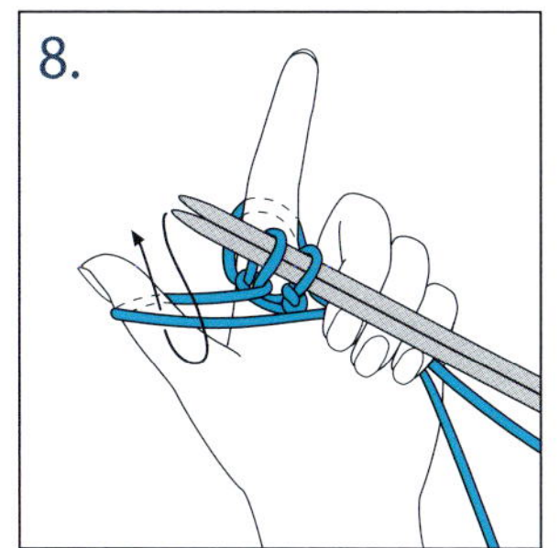

Nachdem alle Maschen angeschlagen sind, die zweite Nadel herausziehen.

1 Masche rechts verschränkt zunehmen

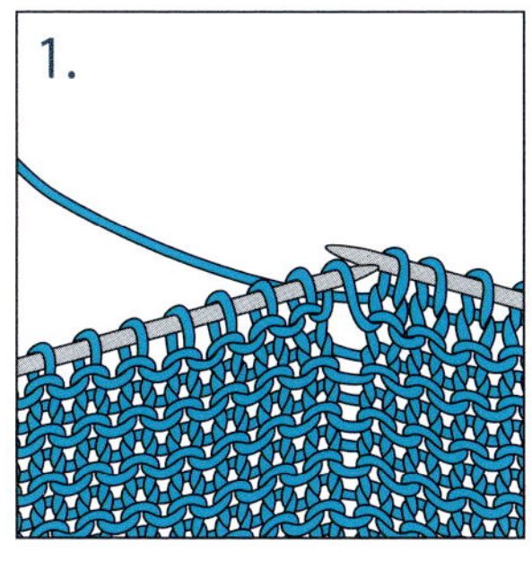

Der Arbeitsfaden liegt hinten. Mit der linken Nadel von vorn nach hinten unter dem Querfaden zwischen 2 Maschen einstechen, sodass der Querfaden auf der Nadelspitze liegt.

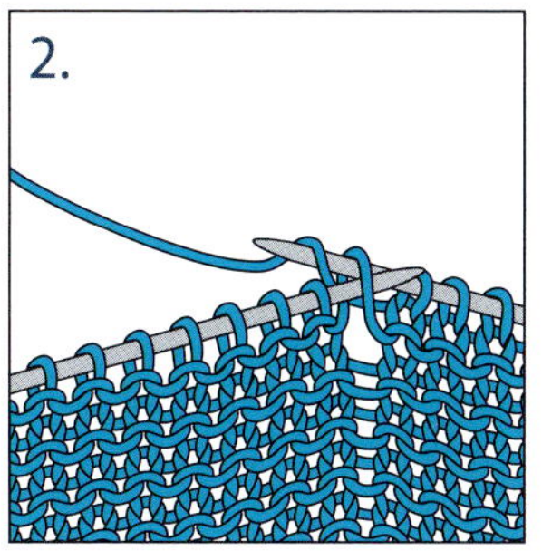

Mit der rechten Nadel hinter der Arbeit von rechts nach links in die Schlinge des Querfadens einstechen, sodass sie sich verdreht, und den Arbeitsfaden um die Nadel legen.

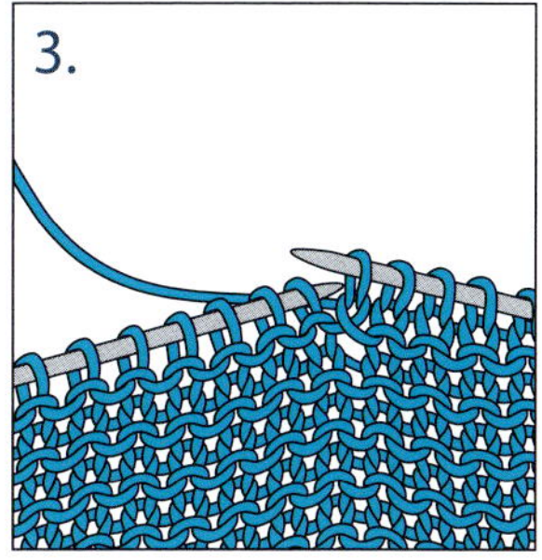

Den Arbeitsfaden nach vorn durchholen und anschließend den Querfaden von der linken Nadel gleiten lassen. So entsteht eine zusätzliche rechte Masche.

2 Maschen rechts zusammenstricken

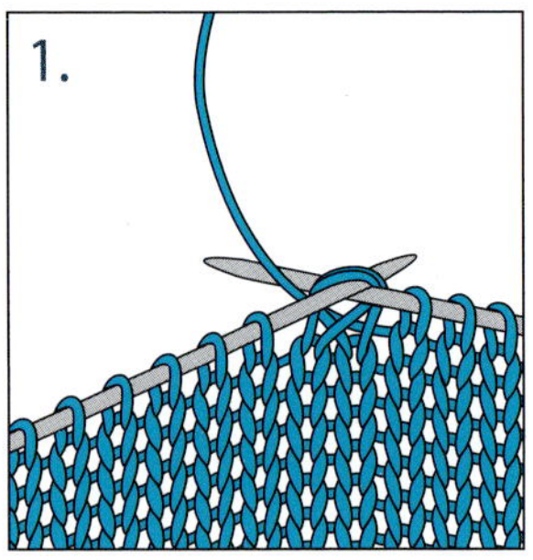

Der Faden liegt hinter der Arbeit. Mit der rechten Nadel von links nach rechts wie zum Rechtsstricken in die beiden Maschen zugleich einstechen.

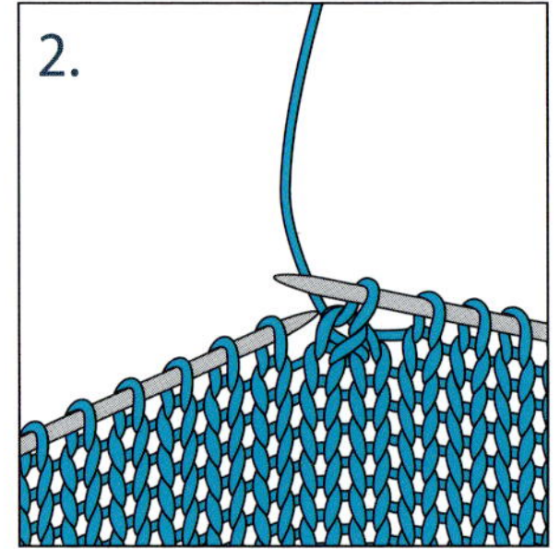

Den Faden holen und nach vorn durch beide Maschen ziehen. Die Maschen von der linken Nadel gleiten lassen.

2 Maschen rechts überzogen zusammenstricken

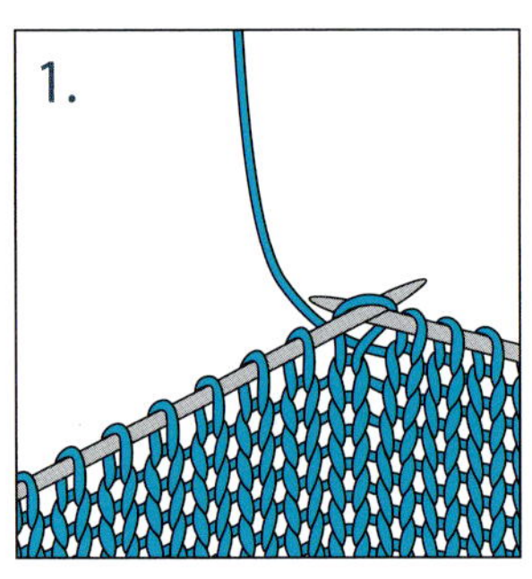

1 Masche wie zum Rechtsstricken abheben.

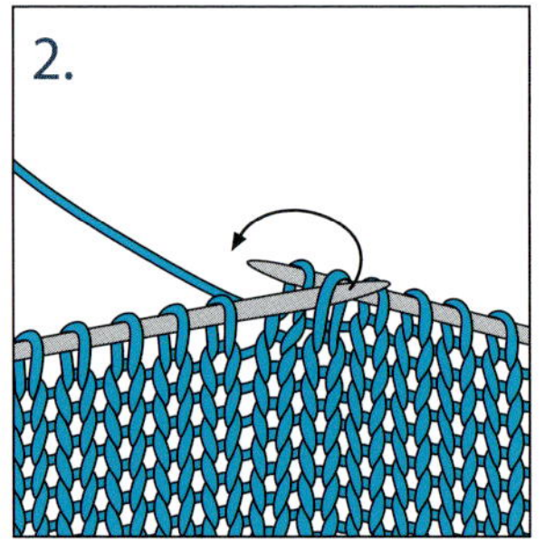

Die folgende Masche rechts stricken ...

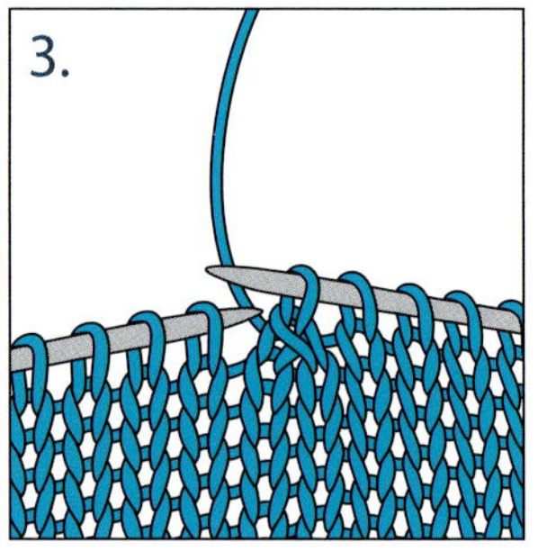

... und die abgehobene Masche darüberziehen.

Mit dem Nadelspiel stricken

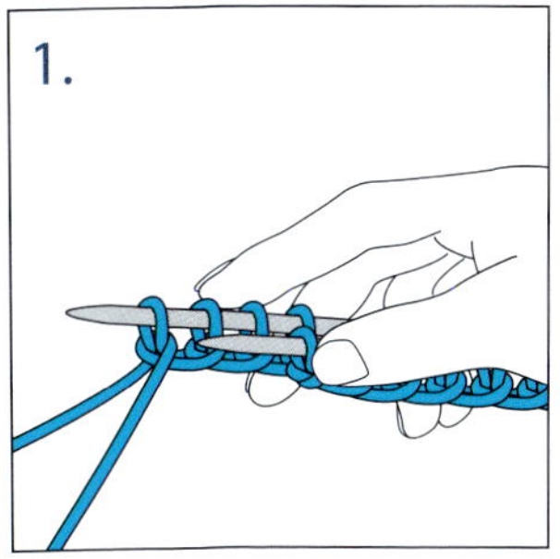

Bereits beim Anschlag je ein Viertel der benötigten Maschenzahl mit je einer der Nadeln anschlagen und so die Maschen gleichmäßig auf den vier Nadeln verteilen. Jeweils die nächste Nadel parallel zur vorhergehenden Nadel direkt dahinter halten, so dass die Spitze etwas vorsteht.

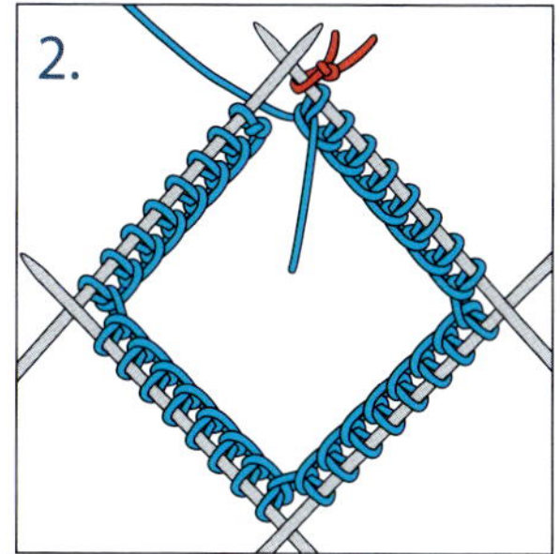

Die 4 Nadeln zu einem Quadrat legen, die unteren Maschenkanten zeigen nach innen. Der Anfangsfaden zeigt den Rundenbeginn, eventuell den Rundenbeginn mit einem kontrastfarbenen Faden oder Markierungsring kennzeichnen. Die Markierung wandert beim Stricken nach oben mit und zeigt an, nach welcher Masche eine Runde abgeschlossen ist.

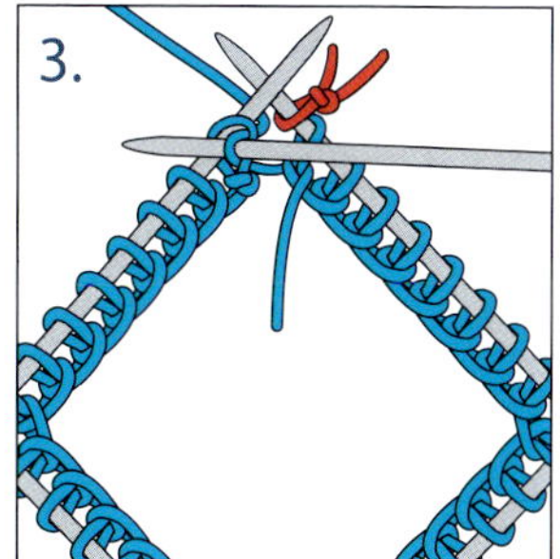

Mit der fünften Nadel die erste Masche stricken; nun schließt sich die Runde. Den Faden fest anziehen, damit keine Lücke entsteht. Sind die Maschen der ersten Nadel gestrickt, mit der frei gewordenen Nadel die zweite Nadel abstricken und so fort bis die ganze Runde gestrickt ist. Die Markierung nach jeder Runde abheben; sie wandert sozusagen mit.

Faden vernähen

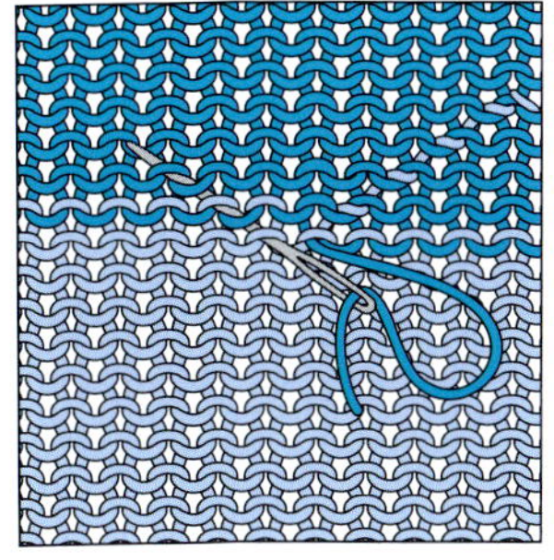

Zunächst durch die daneben liegende Masche stechen, sodass zwischen der letzten Masche des alten und der ersten Masche des neuen Fadens eine Verkreuzung entsteht. Den Faden schräg in die Reihen einziehen, dabei nur einen Teil der Maschenglieder erfassen, damit der Faden auf der Vorderseite nicht sichtbar ist.

Laufmasche

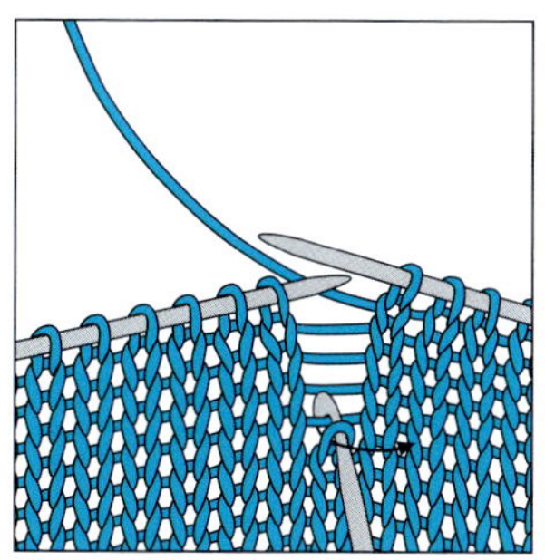

Die gefallene Masche auf eine Häkelnadel nehmen und den darüberliegenden Querfaden durchholen. So fortfahren, bis die Masche wieder auf die Stricknadel gehängt werden kann.

Rückwärts stricken

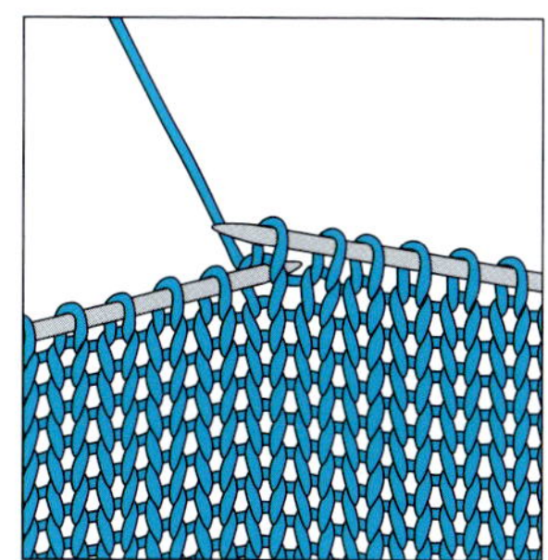

Nach einem Fehler einfach zurückstricken: Der Faden liegt hinter der Arbeit. Mit der linken Nadel von vorn in die Masche unter der letzten Masche der rechten Nadel einstechen und diese auf die linke Nadel heben. Den Arbeitsfaden anziehen und so die Masche auflösen. So weitermachen bis zum Fehler.

Impressum

Design: **Babette Ulmer**
Zählmuster: **Babette Ulmer**
Fotografie: **Florian Bilger Fotodesign**
Redaktion: **Martina Unterfrauner**
Realisation: **Birgit Schwer, Anna Maier, Elke Uhlig, Claudia Kritzer**
Lektorat: **Maria Böhly**
Layout: **Daniela Schulz**
Umschlaggestaltung: **Sophie Schillo**
Repro: **LUDWIG:media**
Herstellung: **Stephanie Schlemmer**
Printed in **Slovenia by Florjancic**

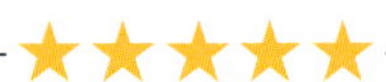

Sind Sie mit diesem Titel zufrieden? Dann würden wir uns über Ihre Weiterempfehlung freuen. Erzählen Sie es im Freundeskreis, berichten Sie Ihrem Buchhändler oder bewerten Sie beim Onlinekauf. Und wenn Sie Kritik, Korrekturen, Aktualisierungen haben, freuen wir uns über Ihre Nachricht an: Christian Verlag, Postfach 40 02 09, D-80702 München oder per E-Mail an lektorat@verlagshaus.de.

Unser komplettes Programm finden Sie unter

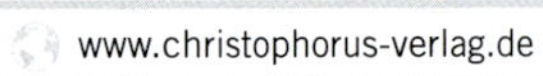

Herstellerverzeichnis

- Austermann
  www.schoeller-wolle.de
- Buttinette Textilversandhaus GmbH
  www.buttinette.de
- Junghans Wollversand GmbH & Co. KG
  www.junghanswolle.de
- LANG & CO. AG
  www.langyarns.com

In diesem Buch wird aus Gründen der besseren Lesbarkeit das generische Maskulinum verwendet. Weibliche und andere Geschlechteridentitäten werden dabei ausdrücklich mitgemeint, soweit es für die Aussage erforderlich ist.

Die Deutsche Nationalbibliothek verzeichnet diese Publikation in der Deutschen Nationalbibliografie; detaillierte bibliografische Daten sind im Internet über http://dnb.d-nb.de abrufbar.

ISBN 978-3-8410-6595-7

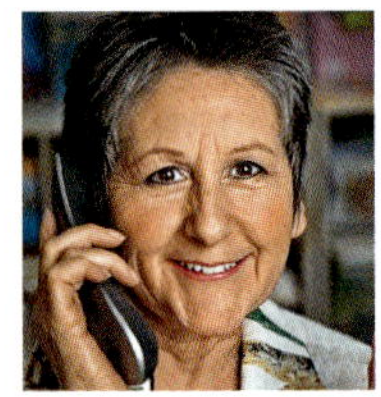

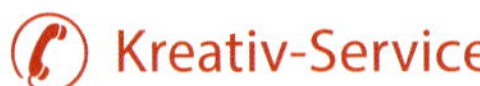

Sie haben Fragen zu den Büchern und Materialien? Frau Erika Noll ist für Sie da und berät Sie rund um alle Kreativthemen. Rufen Sie an! Wir interessieren uns auch für Ihre eigenen Ideen und Anregungen. Sie erreichen Frau Noll per E-Mail: **mail@kreativ-service.info** oder Tel.: **+49 (0) 50 52 / 91 18 58**

Besuchen Sie uns im Internet: **www.christophorus-verlag.de**